U0022217

歷史
天空

學自
歷史

名家論述導讀

張元 著

三民書局

國家圖書館出版品預行編目資料

自學歷史：名家論述導讀／張元著.－－初版二刷.－
－臺北市：三民，2016
面；　公分.－－(歷史天空)

ISBN 978-957-14-5974-5　(平裝)

1.思想史 2.文集

110.7   103023224

© 　自學歷史：名家論述導讀

著 作 人	張　元
責 任 編 輯	張雅婷
美 術 設 計	黃宥慈
發 行 人	劉振強
著作財產權人	三民書局股份有限公司
發 行 所	三民書局股份有限公司
	地址　臺北市復興北路386號
	電話　(02)25006600
	郵撥帳號　0009998-5
門 市 部	(復北店)臺北市復興北路386號
	(重南店)臺北市重慶南路一段61號
出 版 日 期	初版一刷　2015年1月
	初版二刷　2016年3月
編 號	S 630420

行政院新聞局登記證局版臺業字第○二○○號

有著作權，不准侵害

ISBN　978-957-14-5974-5　(平裝)

http://www.sanmin.com.tw　三民網路書店
※本書如有缺頁、破損或裝訂錯誤，請寄回本公司更換。

自　序

　　學生學習歷史，不能只讀教科書，還需要讀些課外資料。閱讀的重要，老師知道，家長知道，學生自己也知道。但是，讀什麼呢？大約八、九年前，與兩位高中老師商談，鑑於學生課業繁重，時間有限，不可能讀整本的書，甚至單篇文章；再說，一本很好的書，一篇很好的文章，其精妙之處何在，學生讀了也未必能夠懂得。所以，選些現代史家論述的片段，寫點說明，做點分析，作為課外閱讀的資料，應該是可行之策。我陸續做了一些，在自己任教的大學通識課程班上，讓學生試讀，反應不惡。於是，越寫越長，越寫越深。回頭看看，這樣的小文，課堂以外，對歷史有興趣的朋友，也不妨抽空瀏覽，或許可以略嘗歷史知識的趣味。

　　自己閱讀近代學者的論著，覺得真是精彩，很想與人分享，寫點這類文字，就是方法之一，其為偏狹的個人觀點，也在所難免。所以，小文可說都是隨手寫來，未曾刻意安排，以致篇章之間不成系統，內容深淺更欠整齊，這是要向讀者致歉的。最初的想法，無非是為課堂教學增添一點新材料，給學生學習提供一點新觀念。前面的二十幾篇曾放在「國立清華大學歷史教學網」上，有一位南湖高中老師建議出書，也收到兩件發自海峽彼岸的電郵，表示肯定與支持，並詢問是否已經出版。

　　感謝三民書局應允出版。我對最初的若干篇加以增補，以求體例不致相去太遠，用了一些時間，也拖了不少時間。當編輯部小姐就著作權問題，告知必須取得著者或其後人的文字使

用同意書，真是相當訝異。只不過是一小段文字，需要這麼認真嗎；何況，著作者的後人在哪裡，真是尋覓無處啊。這麼一猶豫，又拖了些時間。其實，對著作權的嚴格要求是需要的，大學者的後人是不難聯絡到的，只要請求拜託，必能得到好消息。我得到了所有著、譯者或其後人的慨然惠允，真是衷心感激；在此謹向何兆武教授、葛海濱先生，以及湯一介教授、陳智超教授、陳流求女士、郭平英女士、郭倞闇先生、范作申女士、張李卉女士、王忱女士，還有聯經出版公司、臺灣學生書局、北京三聯書店的版權部門，敬致謝忱。聯絡過程中，得到大陸出版界耆宿沈昌文先生大力幫助，最為感謝；鄧小南教授、白慕堂 (Thomas Bartlett) 教授、陳星燦教授，以及葉毅均同學的協助，也是十分感謝。

　　我寫了二十多篇時，在江西上饒的朱子學術研討會上，認識了北京師範大學古籍所的邱居里教授，我向她述及此一工作，深獲鼓勵；邱教授提出撰寫的高見，幫我做了精細的校對，真是感謝不已。後來的幾篇請何曉薇同學校對，也要致以謝忱。最後要向三民書局編輯小組致謝。

自學歷史
名家論述導讀

羅振玉——昔日的基礎教育

不同的時代，人們在幼年以及少年時期的學習內容，必然不同。現代教育傳入中國之前，兒童讀《百家姓》、《千字文》，長大一點，讀《四書》、《五經》以及《唐詩》、《宋詞》，年紀再大，就要加上一些應付科舉考試的八股範文等等。今天，小孩大概從小就要讀英語，學心算以及各種才藝，進了學校，學習的課程，已與《四書》、《五經》毫無關係。時代不同，表示從過去到現在，已經有了很大的變化，其中當然也有不少的進步。今天，我們的孩子讀英文、學才藝，回頭看看那些讀四書、五經、唐詩、宋詞的孩子們，是不是感到他們浪費了太多的時間，真是既可惜又可憐？如果是這樣的話，您就犯了一個把過去與現在混在一起的錯誤。我們應該知道，每個時代有它特有的情況，我們不能用今天熟悉的生活，作為衡量的標準，藉以評論過去。

這裡讓我們看看一位清末民初人物，他在最初階段，讀什麼書，怎樣讀書。這位人物是羅振玉 (1886–1940)，羅振玉現在已無赫赫之名，但在現代學術史上，卻是一位不可不提及的大人物。我曾很主觀地說，中國近百年史學第一人，應推王國維，因為我認為王國維的學養最深、成就最高。王國維就是羅振玉所賞識與提拔，走上學術研究之路的；王國維所從事的學術工作，也是受到羅振玉的影響。有人說：「了解羅振玉，可以幫助我們理解王國維，同時理解中國學術如何從傳統走向近

代。」這是《雪堂自述‧編後記》中的一句話，我覺得不無道理。我們就從這本《雪堂自述》（江蘇人民出版社，1999年）中，選取一篇羅振玉講他小時候學習的文章，看看這位前近代人物，怎樣讀書向學的。這是《陸詩授讀》的序言，載於《雪堂自述》。

予六歲入塾即受毛詩，顧僅塾師為授章句，不能明其義也。八歲聽師為長兄講授，乃粗明訓詁。讀〈大序〉「詩者，志之所之也，在心為志，發言為詩。情動於中而形於言，言之不足故嗟歎之，嗟歎之不足故永歌之，永歌之不足，不知手之舞之、足之蹈之也。情發於聲，聲成文謂之音。治世之音安以樂，其政和；亂世之音怨以怒，其政乖；亡國之音，哀以思其民困。故正得失、動天地、感鬼神，莫近於詩。先王以是經夫婦，成孝敬，厚人倫，美教化，移風俗。」始知詩教之由興與詩之體用蓋如此。及年十二，業師羅彥林先生授予《唐詩三百首》，乃當時家塾習用之本也。予讀之，覺其與〈大序〉所論詩旨，合者一二，不合者恒七八。以質之師，師大其問，顧對以「汝年尚幼，姑緩其時乃可語汝」。予訝其不見答，燈下以語先大夫。（原註：羅父堯欽公）先大夫曰：「師大汝問而緩其答，是也。」因取案上《浣花》、《劍南》兩集（原註：指唐杜甫的《杜工部集》和宋陸游的《劍南詩稿》。杜甫曾住四川成都浣花草堂，陸游有《劍南詩稿》，故羅氏有此稱呼。）以賜，曰：「汝讀此，久自得之。」予受兩集，昕夕披覽不去手，久乃返而觀之師所授，乃恍然曰：古今立辭之得失，殆誠與偽所由分歟？古人本乎性情之正，為身世遭遇所感觸而傾吐其胸中所蓄，其立

言也誠。誠後世則以此為羔雁充行卷應制科，否則亦以博風雅
之名，故模襲前人，依傍門戶，第求工拙於字句之間，爭得失
於聲調之末，情不發乎中而出於外，襲此所謂偽也。今讀《浣
花》、《劍南》詩，所謂別裁偽體，親風雅與古者六義、四始之
旨，古今出一轍矣，將以此質之師而未敢。及年十六，返里應
童子試既竣，侍先大夫北歸。父執蕭山單棣華、廣文（思溥）
附舟至吳門，日與先大夫論詩談藝。先大夫忽問予，往者授
杜、陸兩集必已熟讀，汝往者之疑，已渙釋否？予乃以所知
對，廣文傾聽，為之莞爾。先大夫又問，兩家詩汝試舉汝最服
膺之章句為何？予對曰：杜詩「致君堯舜上，再使風俗淳」，
陸詩「外物不移方是學」，竊慕斯語。廣文瞿然執予手，賀先
大夫曰：此子異日成就必遠大，不可以儒生限之。寂寞人寰，
何幸得此小友，將拭目以俟之矣！予因往者所集陸詩「外物不
移方是學，百家屏盡獨窮經」二句，求廣文作楹帖，廣文欣然
命筆。此予童年所得於庭訓與父執所期許者如此。今回溯往
事，匆匆垂六十年，自愧畢生無所樹立，而其事則可以詔我後
人。予既手錄杜詩百餘篇以授長孫繼祖，更錄放翁詩二百餘
首，為《陸詩授讀》，而書童年所致疑、所漸悟之往事於卷端。
繼祖於此，其曉然於古今詩家得失之故與詩之所以為教也夫。
康德戊寅新秋。（頁 158–159）

　　這篇文字不好讀，因為不是我們熟悉的白話文。文言文已
經難讀，一些古書上的辭句，也不易完全了解，再加上他們熟
悉的典故，對我們來說，不作註解，恐怕也是閱讀障礙了。一
開始提到〈大序〉中的一段話，講「詩」的意義，很深刻、很

重要，但並不很難，慢慢地讀，用心想想，應該可以了解其大意。「以質之師，師大其問」，意思是把自己的疑惑詢問老師，老師認為這是一個大問題，不是你這個年齡所能理解，沒有回答。「誠後世則以此為羔雁充行卷應制科」，意思是把作詩當作應付科舉考試的工具、手段，「羔雁」是禮聘之物的意思。「六義、四始」之旨，說的是《詩經》的要旨與大義；按：「六義」，《詩·毛傳》：「詩有六義焉，一曰風、二曰賦、三曰比、四曰興、五曰雅、六曰頌。」；「四始」，《史記》：「〈關雎〉之亂，以為風始；〈鹿鳴〉為小雅始；〈文王〉為大雅始；〈清廟〉為頌始。」此所謂四始也。

我們讀這段文字，注重的地方，應該放在「學習」的道理上。我們看看羅振玉自述的學習過程中，呈現出怎樣的「道理」，就是從我們今天來看，這些道理可以成立嗎？首先，兒童的學習，重點不在灌輸他們哪些知識，而是啟發他們的向學之心，讓他們主動地想要多知道、多懂得一些。其次，學生所學的內容，要有動人的力量，能讓學生受到感動的，必然是具有一定深度的知識。第三，學生學習之時，要會思考，要有疑惑，要有提出疑問的勇氣。再者，學習一定要勤勉，對於所學的對象一定要儘量精熟，只有刻下苦功，方能真有所獲。我想這四點「道理」，今天也能成立吧！當然，羅振玉八歲，粗明訓詁，懂得「詩言志」的意涵；十二歲對老師所教，產生疑惑；此後熟讀杜甫與陸游的詩集，十六歲之前已有所得。這些都是早慧的表現，不是一般孩童所能比擬。

不過，我們也可以約略看到了老師的重要。不論學生年紀大小，老師如果能夠啟發學生，引導學生，提供學生閱讀的資

料，學生只要認真閱讀，發揮思考力與想像力，就有了深刻的認知，打下了知識上的堅實基礎。相反的，如果老師只是拿著課本，一味地要學生記誦，引不起學生任何興趣，學生是不可能進入知識之門的。況且，昔日的「課本」，不論四書，抑或五經，都是義理深厚，文辭典雅，更需要老師的指引。這個道理是不分古今的，過去如此，現在亦然。如果老師欠缺專業素養，不能引發學生求知的興趣，無法帶領學生進入知識的殿堂，只是讓學生記誦課本中的文字，是完全沒有「教育」功效可言的。

民國成立後，羅振玉仍以遜清遺老自居，曾參與溥儀滿洲國的謀劃，滿洲國成立後，受到溥儀的器重。文末所謂「康德」，就是滿洲國的年號。他的政治態度與作為，雖說是他自己的選擇，有其信念；然而，後人仍多疵議，說他「誤入歧途」，猶是寬恕的評論。

羅振玉——學術新貌

　　學術上出現新的面貌，不是一件容易的事，必需要有一些背景和因素，等到條件成熟，一個新的學術領域才會巍然形成。就歷史學來說，令人想到的第一個重要背景，應該是新史料的出現，就像有人所說，有了新史料，才會有新史學。這個話當然有其道理，但是，我們再想一想，史料會自己跑出來嗎？會自己講話嗎？我們知道，史料是不會講話的，新史料也是由人所發現的。所以，我們可以說，有了「人」才會發現新史料，有了「人」才會出現新史學。我們視之為「新」的史料，其實長期存在於天壤之間，乏人問津；一旦有人發現它們的價值、意義，它才搖身一變，成為人們爭相研討的對象，新的學術領域才萌芽、茁壯。

　　中國近代的歷史學，在方法上受到西方學術的影響，這是無可置疑的。但是，近代歷史學也出現了一些新的領域，展現了新的成果，主要來自新史料的發掘與運用。其中，出土史料產生的影響最為顯著，而出土史料之中，甲骨、青銅、簡牘的價值最高，對於古代歷史的了解幫助最大。這些出土史料之中，甲骨文無疑發現得最早，用於古史的理解最多，而且影響最大、聲名最著。那麼，我們不妨問一下：甲骨文是怎樣發現的？什麼人在其過程中居功最偉？也許，我們會想到李濟與董作賓在安陽的大規模發掘，以及其後的考釋與研究，造成甲骨學的大盛。但我們不應忘記，在李、董之前，甲骨學已經萌芽

了，而最大的功臣，當推羅振玉與王國維莫屬。這裡讓我們看看羅振玉是怎麼說的，另外，他還談到關於古代簡牘與明器的理解與詮釋。這一段話見於《雪堂自述》：

予平生所至輒窮，而文字之福則有，非乾嘉諸儒所及者。由庚子至辛亥十餘年間，海內古書器日出。若洹濱之甲骨、西陲之簡牘書卷、中州之明器，皆前人所未及見者。洹濱甲骨自庚子歲，始由山東估人携至都門，福山王文敏公（懿榮）首得之，未幾殉國難。亡友劉鐵雲觀察得文敏所藏，復有增益。予在申江編為《鐵雲藏龜》，瑞安孫仲容徵君據以作《契文舉例》，於此學尚未能有所發明。且估人諱言出土之地，謂出衛輝。及予官京師，其時甲骨大出，都中人士無知其可貴者，予乃竭吾力以購之。意出土地必不在衛輝，再三訪詢，始知實在安陽之小屯。復遣人至小屯購之。宣統初元，予至海東調查農學，東友林博士（泰輔）方考甲骨，作一文揭之雜誌，以所懷疑不能決者質之予。予歸，草《殷商貞卜文字考》答之，於此學乃略得門徑。及在海東，乃撰《殷虛書契考釋》，日寫定千餘言，一月而竟，忠愨為手寫付印。並將文字之不可識者為《待問編》，並手拓所藏甲骨文字編為《殷虛書契》，後又為《續編》，於是此學乃粲然可觀。予平生著書百餘種，總二百數十卷，要以此書最有裨於考古。厥後忠愨繼之，為《殷先公先王考》，能補予所不足。於是斯學乃日昌明矣。
西陲古簡，英人得之，請法儒沙畹教授為之考證。書成寄予，予乃分為三類，與忠愨分任考證，撰《流沙墜簡》三卷，予撰小學術數方技書、簡牘遺文各一卷，得知古方觚簡之分別

及書體之蕃變。忠愨撰《屯戌遺文》，於古烽候地理，考之極詳。後忠愨在滬將所著訂正不少，僅於《觀堂集林》中記其大略，惜不及為之重刊也。

伯希和教授歸國時，予據其所得敦煌書目擇其尤者，請代為影照。勸滬上商務印書館任影照費，並任印行，而予為之考證。乃約定，而久不踐，予乃自任之。先將中土佚書編《鳴沙石室佚書》，嗣編印《古籍叢殘》，復選印德人所得西陲古壁畫，為《高昌壁畫菁華》。嗣日本大谷伯得西陲古物，陳列於住吉二樂莊，予據其所得高昌墓磚，為《高昌麴氏系譜》。於是西陲古文物略得流傳矣。

中州墟墓間所出明器，春明估人初無販鬻者，土人亦以為不祥物而棄之，故世無知者。光緒丁未，清暉閣古董肆徒偶携土俑歸，為玩具。予見而購焉，肆估乃知其可貿錢。予復錄《唐會要》所載明器之目授之，令凡遇此類物，不可毀棄。翌年，各肆乃爭往購，遂充斥都市。關中、齊、魯諸地亦有至者。初所見多唐代物，尋見六朝、兩漢者，歐美市舶多載以去。此為古明器發見之始。予在海東，就往昔所藏編為《古明器圖錄》，並嘗會最古明器之見載籍者為之說，至今草稿叢脞，尚未暇寫定也。

本朝經史考證之學冠於列代，大抵國初以來多治全經，博大而精密略遜。乾嘉以來，多分類考究，故較密於前人。予在海東與忠愨論，今日修學宜用分類法，故忠愨撰《釋幣》、《胡服考》、《簡牘檢署考》，皆用此法。予亦用之於考古學，撰《古明器圖錄》、《古鏡圖錄》、《隋唐以來古官印集存》、《封泥集存》、《歷代符牌錄》、《四朝鈔幣圖錄》、《地券徵存》、《古器物

範圖錄》、《古鉨印姓氏徵》諸書。（頁 42–43）

　　這段文字雖然是用文言寫的，卻稱得上簡明、清晰，如果
覺得難讀，可能原因有二：一是不習慣，這就要多讀了；二是
詞彙不明白，這是需要註解的。這裡先做一些簡單的註解。「洹
濱」指洹水之濱，即河南安陽小屯；「明器」指墓葬中的殉葬
品；「殉國難」指王懿榮死於庚子拳亂；「劉鐵雲觀察」即《老
殘遊記》作者劉鶚；「申江」即上海；「孫仲容徵君」即著名學
者孫詒讓；「估人」指商販；「海東」指日本，「東友」即日本
友人；「忠愨」即王國維，王國維投湖自盡後，清遜帝溥儀謚
以「忠愨」；「沙畹」(Édouard Chavannes)、「伯希和」(Paul
Pelliot) 為法國漢學家，學術成就很高；「大谷伯」指日本大谷
考古隊，在中國西疆取得古物頗多，負責人為大谷光瑞伯爵。
　　我們讀這段文字，重點應該置於何處？甲骨文的最初解
讀，當然是緊要之處，只是羅振玉並沒有對孫詒讓何以「未能
有所發明」，而他本人如何「略得門徑」，多所著墨。不過，這
是一個學術問題，不是這篇自述文字必須有所交代的，我們不
能奢求。我覺得讀這篇文字，不妨注意三個方面。一、羅振玉
的識見。甲骨大出，都中人士都不知此物的可貴，而他看到
了；中原的明器出土已久，人們視為不祥之物，他開始收購，
外國人大量買走的時候，他開始研究。這些都可以看到羅振玉
見識不凡，不是同輩學者所能比擬。二、羅振玉的交遊。他不
是關起門來讀書、研究的學者，他的交遊廣闊，文中提及的中
國學者有劉鶚、孫詒讓、王國維，日本學者林泰輔，西方學者
沙畹、伯希和，看來他們平日常有往來，互通信息，互相切

礎，足證羅振玉交際活動能力之強了。三、羅振玉的方法。「分類法」是他提出來的，他之提出這個方法，是源於對清代學術的認識，發現乾嘉學術之優長在於「分類考究」，這也是一種細密的研究方法。他的學術成果十分豐碩，自認為頗受益於這個方法。《雪堂自述‧編後記》中說道：「他提出『今修學宜用分類法』，整理了包括古明器、古鏡、地券、古印在內的諸種出土文物，並運用殷虛卜辭、敦煌遺書、西陲簡牘、墓誌磚刻考證史實，我們不難看出王國維『二重證據法』的淵源所在。」可以參看。

　　如果想多知道一點羅振玉在學術上的表現，張舜徽的一篇文章：〈考古學者羅振玉對整理文化遺產的貢獻〉，載氏著《中國史論文集》（湖北人民出版社，1956 年）。值得一讀。

章太炎——歷史故事是什麼?

　　老師如果問學生,為什麼喜歡上歷史課? 大多數的答案很可能是:可以聽到許多有趣的「故事」。歷史本來就是「故」事,過去發生的事情;如果老師只是把課本內容重複講述一遍,是無法吸住全班學生的目光,如果按照五個 W,把何時 (When)、何地 (Where)、何人 (Who)、何事 (What)、何故 (Why) 講一遍,並且向學生說,老師已經交代得很清楚詳盡了,歷史就是如此而已。老師這樣教課,說是把過去的事情交代得很清楚,我們可以同意;不過,歷史是不是就是這五個 W,可以再商量,此處不談。我們只想問:學生聽了這樣的歷史課,會覺得有趣嗎? 這樣的內容,與他們期待聽到的「故事」,顯然頗有距離。

　　老師教歷史,需要講「故事」嗎? 老師把歷史知識的內容,作了很好的陳述,還有講故事的餘裕嗎? 或許您認為,歷史老師應該是這門知識的傳授者,不應該是說書先生吧! 上課講故事,有必要嗎? 這樣的質疑,不是沒有道理,但老師講幾個歷史故事,既未脫離歷史知識的範疇,也與說書先生相去甚遠,似乎並未構成有虧職守的罪狀。再說,學生上歷史課期盼著聆聽有趣動人的故事,老師卻一個都不提,雖說內容豐富充實,卻也不免嚴肅枯燥,若從學習者的角度來看,不能說是一堂成功的歷史課。

　　故事不能作為一堂課程的架構,卻可以為這堂課的架構添

上繽紛的色彩，使課程的進行富於變化，呈現高潮，也往往可以彌漫著歡愉的氛圍；若學生對其中某一片段印象深刻，久久不能或忘，自然成為隨其一生的歷史記憶。這樣說來，歷史故事十分重要，我們一定要多多講述啊。且慢。問題在於什麼是「歷史故事」，要有清楚的理解；不是任何書籍中記述過去的故事，都是歷史故事，都可以在歷史課堂中講述。那麼，「歷史故事」指何而言呢？它的條件、範圍是什麼呢？也就是說，怎樣的故事在課堂中講述最為適宜呢？除此之外，都不宜講述，因為它不符合條件，也不在範圍之內。

　　簡單地說，可以講述的歷史故事，是歷史家經過一番審思，選錄於歷史著作中的記事；不是「稗官野史」中那些頗嫌誇張，曲折離奇，史家不予採信的事情。關於這樣的界定，民初的國學大師章太炎 (1869–1936)，有一番精闢的解說，他是這樣說的：

　　　後世的歷史，因為辭采不丰美，描寫不入神，大家以為是記實的；對於古史，若《史記》、《漢書》，以其敘述和描寫的關係，引起許多人的懷疑。

　　　〈刺客列傳〉記荊軻刺秦王事，〈項羽本紀〉記項羽垓下之敗，真是活龍活現。大家看了，以為事實上未必如此，太史公並未眼見，也不過如《水滸傳》裡說武松、宋江，信手寫去罷了。實則太史公作史擇雅去疑，慎之又慎。像伯夷、叔齊的事，曾經孔子講及，所以他替二人作傳，那許由、務光之流，就缺而不錄了。項羽、荊軻的事迹，昭昭在人耳目，太史公雖沒親見，但傳說很多，他就可憑著那傳說寫出了。《史記》中

詳記武略，原不只項羽一人；但若夏侯嬰、周勃、灌嬰等傳，對於他們的戰功，只書得某城、斬首若干級，升什麼官，竟像記一筆賬似的，這也因沒有特別的傳說，只將報告記了一番就算了。如果太史公有意偽述，那麼〈刺客列傳〉除荊軻外，行刺的情形，只曹沫、專諸還有些敘述，豫讓、聶政等竟完全略過，這是什麼道理呢？《水滸傳》有百零八個好漢，所以施耐庵不能個個描摹，〈刺客列傳〉只五個人，難道太史公不能逐人描寫嗎？這都因荊軻行刺的情形有傳說可憑，別人沒有，所以如此的。

「商山四皓」一事，有人以為四個老人哪裡能夠使高祖這樣聽從，《史記》所載未必是實。但須知一件事情的成功，往往為多數人所合力做成，而史家常在甲傳中歸功於甲，在乙傳中又歸功於乙。漢惠免廢，商山四皓也是有功之一，所以在〈留侯世家〉中如此說，並無可疑。

史書原多可疑的地方，但並非像小說那樣的虛構。如劉知幾《史通》曾疑更始刮席事為不確，因為更始起自草澤時，已有英雄氣概，何至為眾所擁立時，竟羞懼不敢仰視而以指刮席呢？這大概是光武一方面誣衊更始的話。又如史書寫王莽竟寫得同騃子一般，這樣愚呆的人怎能篡漢？這也是漢室中興對於王莽當然特別貶斥。這種以成敗論人的習氣，史家在所不免，但並非像小說的虛構。

我們所選片段，出於《國學概論》（五南圖書，2014 年）的第一章（頁 17-18），標題為「歷史非小說傳奇」。《太炎先生著作目錄》將之歸於「講稿類」，記曰：「曹聚仁記錄，《覺悟》

（民）十一年四、五、六月份，上海泰東圖書局單行本。」

這一段話，有兩個主要的意思，一是史書上的「故事」，都是有所憑據，不是史家信手寫來，也就是說，史家寫史與小說家寫故事有著本質上的差異。二是史家所寫並非全然可信，因為有其撰述的背景，但也絕非虛構。

我認為第一點是很重要的概念，我們讀歷史，一定要銘記於心；老師教歷史，選取教材時，更是要嚴格遵守。太炎先生說太史公作史「擇雅去疑，慎之又慎」，其實古代史家撰述之時，幾乎無不如此。我們可以想像，古人寫史，搜集了豐富材料，爬梳整理，摘其精義，下筆之時，必然經過多番細思；內容的選擇，捨此取彼，用意為何，要想一想；結構布局，如何處理方稱嚴謹，要多方衡量；文字表述，能否傳達出精神氣勢，也要斟酌一番。所以，史家寫史，限於篇幅，揮灑的空間至為狹隘，必須集中心力，處理手中的資料，添加些花稍的故事，既無需要，也無可能。

太炎先生舉出《史記》中荊軻刺秦王的故事，與《水滸傳》中宋江等故事作一對比，通過最為淺白的例證，呈現出史書與小說的明顯不同，也把一個重要的概念作了清楚的交代。

「商山四皓」事，見於《史記・留侯世家》。漢高祖劉邦想廢太子，立戚夫人子趙王如意，張良屢勸不聽，於是請出四位八十幾歲的老先生，做太子的賓客。四位老人頭髮眉毛都白了，衣服帽子都很講究，陪在太子身旁，高祖問：這四個人是誰？四個人上前報名：東園公、甪里先生、綺里季、夏黃公。高祖大驚說，我召請你們來朝廷已經好幾年了，你們都躲著我，今天怎麼會跟隨我的兒子呢？四個人都說，陛下你喜歡罵

人，我們不願受辱，但是太子仁孝，對人很好，大家都願為他效命，所以我們跟隨太子。高祖就說，那麻煩你們幫幫太子了。《史記》曰:「(高祖)竟不易太子者，留侯本招此四人之力也。」司馬光的《資治通鑑》不信此事，在《通鑑考異》中寫道:如果四位老先生能讓高祖不敢廢太子，那就是張良幫著太子結黨以抵制父親，張良怎麼會做這樣的事呢!這就是縱橫家這批人要誇大四位老先生的事，就好像蘇秦與六國合縱，秦兵不敢進窺函谷關十五年;魯仲連折新垣衍，秦軍為之退兵五十里;「凡此之類，皆非事實，司馬遷好奇，多愛而采之，今皆不取。」太炎先生顯然不同意司馬光，但他不討論此事是否為事實，而是從史書的體例來談，有的事記於此處，有的事記於他處，合起來看，能夠見到事情的各方面，因之，他認為「商山四皓」之事，「並無可疑」。

第二個重點，史書記載，往往反映史家寫史的立場、觀點，並不盡然客觀，有其主觀的成分。我們讀史書，不可以盡信所寫皆為事實，也要思考撰史者的背景、態度，判定史書記載是否實有其事。太炎先生舉出「更始刮席」，劉知幾不信為例，稍作討論。《後漢書·劉玄傳》記更始進入長安，這時只有未央宮被焚，其餘宮館都安好未遭破壞，更始居長樂宮，「升前殿，郎吏以次列庭中。更始羞怍，俛首刮席不敢視。」劉知幾在《史通·曲筆》裡指出，劉玄幼時因弟為人所殺，糾集了一些人要報仇，避難投身於綠林，有豪傑之稱，怎麼會見到人多，嚇到不敢抬頭仰視呢!這是史家為了稱頌光武而寫的諂媚文字，也有替遭更始所殺的劉縯洗刷冤屈的意思。太炎先生同意劉知幾的說法，另舉史書上關於王莽的記載加以印證，說明

史家「以成敗論人」，是史家的「習氣」，但與小說家的「虛構」，終究不同。

我們讀史書，應該清楚了解撰寫者的時代背景與政治立場，就像三國時代，吳人所寫的曹操就與魏人所記很不一樣。所以，史書所載的事情，追究其是否真有其事，應非重點，撰者何以作此描述，方是我們應該細思的地方。

章炳麟，又名絳，字枚叔，號太炎，浙江餘姚人。他是國學大師，文中一再稱他為太炎先生，即表示敬意。太炎先生也是清末的革命者與民初的政治家，《中國大百科全書》的條目中，所記政治活動遠多於學術成就。至於為什麼他是「國學大師」，請看支偉成所寫的簡介，按支氏於 1925 年撰《清代樸學大師列傳》，向太炎先生請教，得到太炎先生的指導，他把太炎先生的來信置於篇首，並綴以介紹章氏學術的短文，茲錄於下：

餘杭章太炎先生炳麟，少時治經，謹守樸學，所疏通證明者，在文字器數之間。旁逮子史，並多闡發，而於小學為尤精。謂：「文字先有聲然後有形，字之創造及其孳乳皆以音衍。」所著《文始》及《國故論衡》中論文字音韻諸篇，能灼然見語言文字本原；蓋應用清儒之治學法，而廓大其內容，延闢其新徑，故其精義多發乾嘉諸師所未發也。中年以後，究心佛典，治「俱舍」、「唯識」，有所深入。著《齊物論釋》，以佛法解老莊，乃與《瑜伽》、《華嚴》相會。自謂：「以分析名相始，以排遣名相終。」既游日本，兼涉西籍，更能融會新知，貫通舊學，所得日益閎肆。所著《菿漢微言》、《檢論》、《文

錄》諸篇，皆淹雅博洽，語多深造。嘗曰：「自揣平生學術，始則轉俗成真，終乃回真向俗。秦漢以來，依違於彼是之間，局促於一曲之內，蓋未嘗睹是也。」是先生之學，固度越清儒矣。惟生居浙東，頗究心明清掌故，盛倡種族革命，其影響於近世學術思想者至鉅。既敘勳民國，允推當代大師。

章太炎——漢文帝南面之術的思想背景

學術思想與實際政治之間，有著怎樣的關係？我們隨手可以舉出一些基本的概念，諸如：秦始皇用法家，專制集權，嚴刑峻法，以至赭衣當道，民不堪命，十五年而亡；漢武帝用儒家，罷黜百家，獨尊儒術，雖然征匈奴、通絕域，使民無度，以致天下殘破，卻未步上亡秦的道路。道家呢？漢初文帝、景帝，清靜無為，與民休息，積累了巨大的財富，為武帝的大肆揮霍提供了條件。

這些概念，不能說錯了，只能說過於簡略，人世間的事，不是如此簡單的，就是古代史書的記載，也不是如此簡單。例如，道家與法家，就是集權專制與清靜無為的不同嗎？顯然不是可以如此簡單劃分，加以判別的。道家指導下的政治，更不是「清靜無為、與民休息」可以概括的。

國學大師章太炎先生，在國學演講中談及這個問題，讓我們來看看他是怎麼說的。

太史公以老子、韓非同傳，於學術源流最為明瞭。韓非解老、喻老而成法家，然則法家者，道家之別子耳。余謂老子譬之大醫，醫方眾品並列，指事施用，都可療病。五千言所包亦廣矣，得其一術，即可以君人南面矣。

漢文帝真得老子之術者，故太史公既稱孝文好道家之學，以為繁禮飾貌無益於治；又稱孝文帝本好刑名之言。蓋文帝貌

為玄默躬化，其實最擅權制。觀夫平、勃誅諸呂，使使迎文帝。文帝入，既夕拜宋昌為衛將軍，領南北軍；以張武為郎中令、行殿中。其收攬兵權，如此其急也。其後賈誼陳〈治安策〉，主以眾建諸侯而少其力，文帝依其議，分封諸王子為列侯。吳太子入見，侍皇太子飲博，皇太子引博局提殺之，吳王怨望不朝，而文帝賜之几杖，蓋自度能制之也。且崩時，誡景帝，即有緩急，周亞夫真可任將兵。蓋知崩後，吳楚之必反也，蓋文帝以老、莊、申、韓之術合而為一，故能及此。然謂周云成、康，漢言文、景，則又未然。成康之世，諸侯宗周；文帝之世，諸侯王已有謀反者。非用權謀，烏足以制之？知人論世，不可同年而語矣。

　　後人往往以宋仁宗擬文帝，由今觀之，仁宗不如文帝遠矣。雖仁厚相似，而政術則非所及也。仁宗時無吳王叛逆之事；又文帝之於匈奴與仁宗之於遼、西夏不同。仁宗一讓之後，即議和納幣，無法應付；文帝則否，目前雖似讓步，卻能養精蓄銳，以備大舉征討，故後世有武帝之武功。周末什一而稅，以致頌聲。然漢初但十五而取一（高帝、惠帝皆然），文帝出，常免天下田租，或取其半，則三十而一矣。又以緹縈上書，而廢肉刑。此二事可謂仁厚。然文帝有得於老子之術。老子之術，平時和易，遇大事則一發而不可當，自來學老子而至者，惟文帝一人耳。

（參見《章太炎講國學》，華文出版社，2009 年，頁 88）

　　此文出於講稿，題曰〈諸子略說上下〉，據《太炎先生著作目錄》記：弟子王乘六、諸祖耿記錄，孫世揚校；章氏國學

講習會講演記錄第七、八期，民國 24 年 12 月。

　　太炎先生首先提及法家出於老子，舉太史公《史記》所載為據。按《史記》卷六十三〈老子韓非列傳〉有云：「韓非者，韓之諸公子也。喜刑名法術之學，而其歸本於黃老。非為人口吃，不能道說，而善著書。與李斯俱事荀卿，斯自以為不如非。非見韓之削弱，數以書諫韓王，韓王不能用。於是韓非疾治國不務脩明其法制，執勢以御其臣下，富國彊兵而以求人任賢，反舉浮淫之蠹而加之於功實之上。以為儒者用文亂法，而俠者以武犯禁。寬則寵名譽之人，急則用介冑之士。今者所養非所用，所用非所養。悲廉直不容於邪枉之臣，觀往者得失之變，故作〈孤憤〉、〈五蠹〉、〈內外儲〉、〈說林〉、〈說難〉十餘萬言。」

　　我們都知道，韓非是法家的「集大成者」，著書說明治國的道理，諸如：大權必須集於君主，法令必須脩明，刑賞必須公正等，講得十分透徹。我們在太史公的這段話中，也讀到了諸如反對儒與俠：「儒者用文亂法，而俠者以武犯禁」，以及重視實效的態度，如：「所養非所用，所用非所養」這樣的話。太炎先生更舉韓非自己的著作〈說老〉、〈喻老〉，證明韓非與老子的深厚關係。

　　但是，太炎先生這段文字所談的重點顯然不在老子與法家，而是名為道家的漢文帝如何展現他的「南面之術」，所謂「南面之術」就是指國君統治天下的技巧或手法。太炎先生談了幾件事，說明漢文帝頗擅權術，如：周勃等剷除諸呂，迎立代王，他入宮即位的舉措；採賈誼〈治安策〉，眾建諸侯，及吳太子死，吳王因之怨憤，他的處理；以及七國亂起，景帝遵

從他的遺命，遣周亞夫為將，卒能平定亂事。

　　呂后是一位不讓鬚眉的厲害人物，高帝死後，大權在握，安排呂家子弟各據要津。呂后死，周勃、灌嬰等跟隨劉邦得天下的這些人，起來把諸呂勢力剷除殆盡。他們迎立代王，也是覺得他勢單力孤，便於控御，沒想到這位代王，來到長安，每一步都中規中矩，步步為營，朝中的權臣佔不到半點便宜。尤其是他立即「拜宋昌為衛將軍，領南北軍（宮中的禁衛軍）；以張武為郎中令、行殿中。其收攬兵權，如此其急也。」更是立於不敗之地。

　　吳太子入京與皇太子一起飲酒、賭博，發生爭執，皇太子殺了吳太子，吳王當然生氣。當吳太子的靈柩送至吳國，吳王說他既然死在長安，就應該葬在長安，又送回去，從此說是有病，不再入朝晉謁。朝廷追究吳的使者，好像要把吳王逼上謀反之路，文帝了解情況，赦了吳使者，賜給吳王几、杖，並以吳王已老，可以免於朝請，吳王的反意就打消了很多。文帝意料七國終將舉兵，故臨終之前，告誡太子（景帝）：「即有緩急，周亞夫真可任將兵。」

　　文帝的政治權術，或者說他的政治技巧、手法，甚至政治藝術，尚不只太炎先生所提及的這三件事。私意以為，最能展現者，或屬他初入朝廷，對周勃等人至為尊敬，一年之後將周勃貶出，完全掌控朝政的過程，同時也是史家記述的精彩一頁。

　　文帝即位之初，對剷除諸呂有功的人，大加賞賜。周勃十分得意，文帝平日對他相當恭敬，周勃下朝，文帝目送他離開，舉止才會輕鬆隨便一些。隨著文帝對國家政事越來越熟

悉，一天問右丞相（地位在左丞相之上）周勃：天下一年判了
多少罪犯？周勃說：不知道。又問：國家一年收到多少錢？周
勃又說：不知道。說著，感到慚愧、惶恐，出了一身冷汗。文
帝問左丞相陳平相同的問題，陳平也說：不知道，但有人管這
兩件事。文帝問：誰管？陳平說：罪犯的事，問廷尉；錢糧的
事，問治粟內史。文帝又問：假若都有人管，那麼你做什麼
事？陳平答道：陛下不嫌棄我，讓我承乏宰相之職，宰相這個
職務，在上是幫助天子，燮理陰陽，順應四時，在下是把各種
事情處理得適宜；對外把四夷諸侯都安撫得妥妥貼貼，對內則
使百姓心向朝廷，百官做好自己的事。文帝一面聽，一面點
頭，說：講得很好，很對！周勃羞愧極了，走出來就責問陳
平：你怎麼不教我如何回答！陳平笑著說：你擔任這個職務，
怎麼不知道該做什麼呢？如果陛下問你，長安城中有多少盜
賊，難道你也要設法回答嗎？陳平的意思是，你該知道的，你
可以回答；你不該知道的，你不必逞強回答。於是，周勃知道
自己的能力差陳平一大截。沒多久，有人對周勃說：你固然有
誅除諸呂、擁立代王的大功，你的權勢也達到頂峰，長久下
去，你就會有大災禍了。周勃就稱病，請辭相職，歸還相印。
8月，文帝免去周勃的丞相職，由左丞相陳平一人專任丞相。
到了這一天，朝廷中原先握有大權的人徹底失勢，朝政大權完
全轉到了這位外藩入統的皇帝手中了。剷除諸呂的功臣，自知
能力不足，心懷愧疚地繳出了權力，不能說不是文帝為政手法
的高明，歷代君主少有人能望其項背。

　　太炎先生又藉漢文帝與周代號為治世的成、康，與宋代有
仁厚之譽的仁宗，做一比較，突顯了他的傑出。我們可以從兩

方面來看，一是文帝即位之時，情勢嚴峻，遠非周成、康與宋仁宗之可比；而即位以來，面對大環境的險惡，與應付手腕的高明，以及達到成就之卓著，則更非周成、康與宋仁宗之所可比。

最後，太炎先生沒忘了漢文帝愛民惠民的作為，如免天下田租，或取其半；以及因緹縈上書，而廢肉刑。此二事，最能展現文帝對百姓的慈愛之心，並永為後世所懷想。

然而，太炎先生最後以「然文帝有得於老子之術。老子之術，平時和易，遇大事則一發而不可當，自來學老子而至者，惟文帝一人耳。」總結文帝之治術，讓我想起錢賓四先生亦有相當接近的見解。錢先生說：「然文帝雖仁慈，亦非不知政治之不能終以無動無為，一務恭儉玄默以為長治久安之計也。⋯⋯文帝以慈祥愷悌默運於上，二十三年之間，而中央政府之基礎日以穩固，外有以制諸王，內有以制功臣，則文帝之賢，又豈僅於慈祥恭儉而已哉。」（《秦漢史》，臺北：東大圖書公司，2006 年，頁 60–61）我們或許可以說，章、錢二位大學者，都是透過史書記載的表面雲霧，觀看到細節構成的全景，並藉以直探歷史發展的核心，呈現出史事的意義。當然，這是我們應該努力學習的。

梁啟超——〈治國學雜話〉

民國初年,一位知識分子或者一位大學生,應該具備怎樣的國學素養,或者應該讀過哪些國學方面的經典著作,是大家關心的事。由於大家關心,也就有人請大學者開列閱讀書單,於是我們看見這位大學者列出這些必讀的書,那位大學者又開出另外一些應讀的書;此一情況今天看來,似乎有點難以理解。今天的大學生會請老師開些應讀的書單嗎?恐怕已經不多,開列「國學」方面的書單,更是匪夷所思。什麼年代了,還要讀國學嗎?先把外文弄好,便於找個好工作,才是緊要的事吧。

為什麼要讀「國學」?作為一個中國知識分子,應該對自己的文化有所理解,知道其特點何在,這就要對國學具有基本的了解,並且進一步加以研讀了。梁啟超 (1873–1929) 在清華任教時,為學生開了一份「國學」的書單,還附了一篇〈雜話〉。今天看來,書單似乎太難了,大概已經乏人問津,〈雜話〉儘管文章稍長,但說理透闢,而且處處流露真摯的情意,頗有一讀的價值,我們就全文抄錄於下:

學生做課外學問是最必要的,若只求講堂上功課及格,便算完事,那麼,你進學校,只是求文憑,並不是求學問。你的人格,先已不可問了。再者,此類人一定沒有「自發」的能力,不特不能成為一個學者,亦斷不能成為社會上治事領袖人才。

課外學問,自然不專指讀書:如試驗,如觀察自然界……

都是極好的。但讀課外書，最少要算課外學問的主要部分。

　　一個人總要養成讀書趣味。打算做專門學者，固然要如此。打算做事業家，也要如此。因為我們在工廠裡在公司裡在議院裡，在……做完一天的工作出來之後，隨時立刻可以得著愉快的伴侶，莫過於書籍，莫便於書籍。

　　但是將來這種愉快得著得不著，大概是在學校時代已經決定，因為必須養成讀書習慣才能嘗著讀書趣味。人生一世的習慣，出了學校門限，已經鐵鑄成了。所以在學校中，不讀課外書，以養成自己自動的讀書習慣，這個人簡直是自己剝奪自己終身的幸福。

　　讀書自然不限於讀中國書，但中國人對於中國書，最少也該和外國書作平等待遇，你這樣待遇他，他給回你的愉快報酬，最少也和讀外國書所得的有同等分量。

　　中國書沒有整理過，十分難讀，這是人人公認的。但會做學問的人，覺得趣味就在這一點。吃現成飯，是最沒有意思的事，是最沒有出息的人纔喜歡的。一種問題，被別人做完了，四平八正的編成教科書樣子給我讀，讀去自然是毫不費力。但從這不費力上頭，結果便令我的心思不細緻不刻入。專門喜歡讀這類書的人，久而久之，會把自己創作的才能汩沒哩。在紐約、芝加哥筆直的馬路嶄新的洋房裡舒舒服服混一世，這個人一定是過的毫無意味的平庸生活。若要過有意味的生活，須是哥倫布初到美洲時。

　　中國學問界，是千年未開的礦穴。礦苗異常豐富。但非我們親自絞腦筋絞汗水，卻開不出來。翻過來看，只要你絞一分腦筋一分汗水，當然還你一分成績，所以有趣。

　　所謂中國學問界的礦苗，當然不專指書籍。自然界和社會實況，都是極重要的。但書籍為保存過去原料之一種寶庫，且可為現在實測各方面之引線。就這點看來，我們對於書籍之浩瀚，應該歡喜謝他，不應該厭惡他。因為我們的事業比方要開工廠，原料的供給，自然是越豐富越好。

　　讀中國書，自然像披沙揀金，沙多金少。但我們若把他作原料看待，有時尋常人認為極無用的書籍和語句，也許有大功用。須知工廠種類多著呢。一個廠裡頭還有許多副產物哩。何止金有用，沙也有用。

　　若問讀書方法，我想向諸君上一個條陳：這方法是極陳舊的極笨極麻煩的。然而實在是極必要的。什麼方法呢？是鈔錄或筆記。

　　我們讀一部名著，看見他徵引那麼繁博，分析那麼細密，動輒伸著舌頭說道：這個人不知有多大記憶力，記得許多東西，這是他的特別天才，我們不能學步了。其實哪裡有這回事。好記性的人不見得便有智慧；有智慧的人，比較的倒是記性不甚好。你所看見者是他發表出來的成果，不知他這成果原是從銖積寸累困知勉行得來。大抵凡一個大學者平日用功，總是有無數小冊子或單紙片，讀書看見一段資料覺其有用者，立刻鈔下（短的鈔全文，長的摘要記書名卷數，葉數）。資料漸漸積得豐富，再用眼光來整理分析他，便成一篇名著，想看這種痕跡，讀趙甌北的《廿二史劄記》、陳蘭甫的《東塾讀書記》，最容易看出來。

　　這種工作笨是笨極了，苦是苦極了。但真正做學問的人，總離不了這條路。做動植物的人，懶得採集標本，說他會有新

發明，天下怕沒有這種便宜事。

　　發明的最初動機在注意。鈔書便是促醒注意及繼續保存注意的最好方法。當讀一書時，忽然感覺這一段資料可注意，把他鈔下，這件資料自然有一微微的印象印入腦中，和滑眼看過不同。經過這一番後，過些時碰著第二個資料和這個有關係的，又把他鈔下，那注意便加濃一度，經過幾次之後，每翻一書，遇有這項資料，便活跳在紙上，不必勞神費力去找了。這是我多年經驗得來的實況。諸君試拿一年工夫去試試，當知我不說謊。

　　先輩每教人不可輕言著述。因為未成熟的見解公布出來，會自誤誤人，這原是不錯的。但青年學生「斐然有述作之譽」，也是實際上鞭策學問的一種妙用。譬如同是讀《文獻通考》的〈錢幣考〉和各史〈食貨志〉中錢幣項下各文，泛泛讀去，沒有什麼所得。倘若你一面讀一面便打主意做一篇中國貨幣沿革考，這篇考做的好不好是另一問題，你所讀的自然加幾倍受用。

　　譬如同讀一部《荀子》，某甲泛泛讀去，某乙一面讀、一面打主意做部荀子學案，讀過之後，兩個人的印象深淺，自然不同。所以我很獎勵青年好著書的習慣。至於所著的書，拿不拿給人看，什麼時候纔認做成功，這還不是你的自由嗎？

　　每日所讀之書，最好分兩類：一類是精讀的，一類是涉覽的。因為我們一面要養成讀書心細的習慣，一面要養成讀書眼快的習慣。心不細則毫無所得，等於白讀；眼不快則時候不夠用，不能博搜資料。諸經、諸子、《四史》、《通鑑》等書，宜入精讀之部，每日指定某時刻讀他，讀時一字不放過，讀完一部纔讀別部。想鈔錄的隨讀隨鈔。另外指出一時刻，隨意涉

覽。覺得有趣，注意細看；覺得無趣，便翻次葉。遇有想鈔錄的，也俟讀完再鈔，當時勿窒其機。

　　諸君勿因初讀中國書，勤勞大而結果少，便生退悔。因為我們讀書，並不是專向現時所讀這一本書裡討現錢現貨的得多少報酬，最要緊的是涵養成好讀書的習慣和磨練出善讀書的腦力。青年期所讀各書，不外借來做達這兩個目的的梯子。我所說的前提倘若不錯，則讀外國書和讀中國書當然都各有益處。外國名著，組織得好，易引起趣味；他的研究方法，整整齊齊擺出來，可以做我們模範：這是好處。我們滑眼讀去，容易變成享現成福的少爺們，不知甘苦來歷，這是壞處。中國書未經整理，一讀便是一個悶頭棍，每每打斷趣味，這是壞處。逼著你披荊斬棘，尋路來走，或者走許多冤枉路。（只要走路斷無冤枉，走錯了回頭，便是絕好教訓。）從甘苦閱歷中磨練出智慧，得苦盡甘來的趣味，那智慧和趣味卻最真切，這是好處。

　　還有一件，我在前項書目表中，有好幾處寫「希望熟讀成誦」字樣。我想諸君或者以為甚難，也許反對說我頑舊。但我有我的意思，我並不是獎勵人勉強記憶。我所希望熟讀成誦的有兩種類：一種類是最有價值的文學作品；一種類是有益身心的格言。好文學是涵養情趣的工具。做一個民族的分子，總須對於本民族的好文學十分領略。能熟讀成誦，才在我們的「下意識」裡頭，得著根柢，不知不覺「發酵」。有益身心的聖哲格言，一部分久已在我們全社會上形成共同意識，我既做這社會的分子，總要徹底了解他，纔不至和共同意識生隔閡。一方面我們應事接物時候，常常仗他給我們光明。要平日摩得熟，臨時才得著用。我所以有些書希望熟讀成誦者在此。但亦不過

一種格外希望而已，並不謂非如此不可。

　　最後我還專向清華同學諸君說幾句話：我希望諸君對於國學的修養比旁的學校學生格外加功。諸君受社會恩惠，是比別人獨優的。諸君將來在全社會上一定占勢力，是眼看得見的。諸君回國之後，對於中國文化有無貢獻，便是諸君功罪的標準。

　　任你學成一位天字第一號形神畢肖的美國學者，只怕於中國文化沒有多少影響。若這樣便有影響，我們把美國藍眼睛的大博士攬一百幾十位來便夠了，又何必諸君呢？諸君須要牢牢記著，你不是美國學生，是中國留學生。如何纔配叫做中國留學生，請你自己打主意罷。

（參見《國學研讀法三種》，復文圖書，1991 年，頁 27–31）

　　這篇「新民叢報體」的文字，條理清晰，非常易讀，其實不需再加說明。但我想還是再重複一下任公所述的重點。此文大約可分為幾個主要段落，首先，談到讀課外書的重要性，精要的語句如：「一個人總要養成讀書趣味。……做完一天的工作出來之後，隨時立刻可以得著愉快的伴侶，莫過於書籍，莫便於書籍。」其次，解釋中國書不同於外國書的特點，提及：「中國書沒有整理過，十分難讀。……讀中國書，自然像披沙揀金……何止金有用，沙也有用。」第三，述及讀書方法，任公分兩方面來談。一是抄錄或筆記，他指出這種工作，極笨極苦，又說真正做學問，總離不開這條路。他也說道：「鈔書是促醒注意及繼續保存注意的最好方法。」任公所說的「注意」，其實就是我們今天所說的「專注力」。任公又說：「這是我多年

經驗得來的實況」，要大家用一年工夫去試試。二是立下著述的心願，這不是前輩學者所贊同的，但任公說：「青年學生『斐然有述作之譽』，也是實際上鞭策學問的一種妙用。⋯⋯至於所著的書，拿不拿給人看，什麼時候纔認做成功，這還不是你的自由嗎？」第四，讀書也要分類，一類是熟讀的，一類是涉覽的；前者要養成讀書心細的習慣，後者要養成讀書眼快的習慣。任公又說：「我們讀書，⋯⋯最要緊的是涵養好讀書的習慣和磨練出善讀書的腦力。」他也解釋「希望熟讀成誦」的有兩類，一是最有價值的文學作品，另一類是有益身心的格言，並作了解釋。最後，任公對清華的學生說了幾句重話，提醒清華學生的責任，也是對清華學生寄以至高期盼，遂以「諸君須要牢牢記著，你不是美國學生，是中國留學生。如何纔配叫做中國留學生，請你自己打主意罷。」作為結束。

　　我想先談一下關於課外書的閱讀問題。今天的世界已遠非任公所能想像，今天的青年學生不讀課外書，原因不是只求文憑，而是整日掛在網路上，已經失去了讀「書」的興趣與耐力。實體書店難以生存，紛紛歇業，網路書店的業績並未因之蒸蒸日上，反而逐漸下滑，就是最好的說明。我們看「網」上的文字，與讀一本「書」，有何重大差異，不是這裡應該討論的問題。我想介紹兩本有關的書，如果您關心這個問題，不妨一讀。

　　《網路讓我們變笨？——數位科技正在改變我們的大腦、思考與閱讀行為》(The Shallows: What the Internet Is Doing to Our Brains)（貓頭鷹出版社，2012 年），卡爾 (Nicholas Carr) 著，王年愷譯。原書榮登《紐約時報》暢銷書、2011 年普立茲

獎非小說類決選入圍。

《人格，無法離線──網路人格如何入侵你的真實人生?》
(*Virtually You: The Dangerous Powers of the E-Personality*)（財信出版，2012 年 10 月），為埃利亞斯・阿布賈烏德 (Elias Aboujaoude, MD) 著，張劭聿譯。此書中引用了一段卡爾在〈Google 是否正在讓我們變笨〉的話，具體而微地述及了網路與閱讀的問題。茲錄於下：

過去幾年裡，我一直有種不舒服的感覺，好像一直有人（或某種東西）在我的大腦裡修修補補，重新鋪設我的神經迴路，重新設定我的記憶。我沒有喪失心智──至少我感覺沒有──但我的心智正在改變。我思考事情的方式，和過去思考事情的方式不同了。在我閱讀時，這種感覺特別強烈。過去，沉浸在一本書或一篇長文章是輕而易舉的事。我的心會被文章的敘事與轉折深深吸引，我會花上幾個小時在漫長的散文叢林中散步。這已經是過去式了。現在往往只要讀二到三頁，我的注意力就會開始飄移。我變得躁動不安、思路迷失、開始找別的事來做。我感覺，好像隨時都要努力拖著任性的大腦回到書頁上。過去那種自然而然的深層閱讀，現在成了一種掙扎。（頁 210）

只上網，不讀書，未來的世界將會變成何種樣貌，真是令人擔心。於是，我們聽到了拿起書本，好好讀它的呼籲。就像 2010 年 11 月 7 日，美國國家書卷獎頒給了《只是孩子》(*Just Kids*)（新經典文化出版社，2012 年），作者佩蒂・史密斯

(Patti Smith) 憶及她當年在史克萊柏納書店 (Scribner's) 打工的日子:「我夢想有一本自己的書,寫一本我能放在那架子上的書。」她眼眶泛淚地說:「拜託,不管我們科技再怎麼進步,請不要遺棄書本。在這有形的世界,沒有任何東西比書本更美麗。」(《只是孩子》,頁 15)

　　讓我們回到梁任公的時代,談談他開的書目與寫的雜話,有何反響。

　　錢賓四先生撰有〈近百年來諸儒論讀書〉一文(載《學籥》,蘭臺出版社,2000 年),介紹了陳澧、曾國藩、張之洞、康有為和梁任公關於讀書的主張。錢先生說:「我覺得,他(梁任公)這一個書目及讀法,較之百年來陳澧、曾國藩、張之洞、康有為諸人的意見,全要高明得多。在這十幾年來,亦還沒有比他更高明的指導讀書的新方案出現。我很願鄭重地介紹他這一舊公案於最近有意提倡讀書運動的人做參考。」錢先生又說:「梁氏只為一般中國人介紹一批標準的有意義有價值的中國書,使從此認識了解中國文化的大義和理想,而可能在目前中國的政治、社會各方面,都有其效益與影響。這一點意義,因為時代較後數十年之故,而使梁氏書目,其用意及價值,遂遠超於陳、曾、張、康諸家之上。」錢先生還特別提及任公全文的最後一段的頭幾句話,錢先生是這樣說的:「梁氏書目中更有一點值得介紹的,則是他處處站在重視中國文化的立場而為中國讀書人說話。他說:『饒你學成一位天字第一號形神畢肖的美國學者,只怕於中國文化沒有多少影響。若這樣便有影響,我們把美國藍眼睛的大博士擡一百幾十位來便夠了,又何必諸君呢!』這一點,實在可說是梁氏書目中一條中

心重要的骨幹。否則若中國文化根本要不得，則考訂批評及種種科學方法的整理，豈不全屬多事，仍不如把線裝書扔毛廁裡之為直截乾脆也。」

不過，錢先生對任公獎勵青年人好著述，是不表同意的。錢先生的反對意見，亦十分精要，茲抄錄於下，請讀者參考，並結束此文。

梁氏此說，其獎掖青年接近學問的一番誠意，真可謂無微不至。然而真有志的青年們，對梁氏此語，亦應該好好謹慎地接受纔是。從來只有讀書通了纔去著述，並沒有為要著述纔來讀書的。若為著述而始讀書，那讀書所得的印象決不會很深。因為他早已心傲氣浮，他所讀的書籍，只當成他一己著述的材料看，決不肯虛心靜氣浸入書籍的淵深處。繼此而往，讀書工夫，便會漸漸地變成為翻書。要讀梁氏書目的第一項修養及思想一類書，尤其萬不能先以著述一念橫梗胸中。若先立意要做一篇孔子學案而去讀《論語》，將斷不能體會到《論語》的妙處，更談不到修養及思想。那種為著述而讀書的習慣，只能領你走上無修養、無思想的路。要讀梁氏書目的第二項政治史及其他文獻學的書，亦不能先以著述一念橫梗胸中。因為讀此一類書，須用大的眼光，活的精神，通觀大體。若入手便有意要著述，眼光自然會縮小，精神自然會枯死。我並不說讀書不應該隨手鈔摘考訂，然而那些鈔摘考訂，究與著述相去尚遠。梁氏所以說：「所著的書，拿不拿給人看，什麼時候纔認成功，這是你的自由」，可見梁氏的話，很明顯地也只是在獎勵人做劄記工夫。你立意讀一書，儘可以附帶做讀此書的劄記，卻千

萬不要專為要著作一篇像樣而急待發表的論文而纔去繙書。這是絕不同的兩回事。聰明而有志的青年，自然不肯為要趕成幾篇不成熟的著作而犧牲了自己讀書時大的眼光與活的精神。

（頁 125–126）

梁啟超——〈春秋載記・序言〉

　　歷史家大致或可分為兩類，一類是考訂精審，論證綿密，一類是識見深遠，筆勢雄渾；當然，最好是兩者兼而有之，既有厚實的史學素養，又有卓絕的寫史才華。只是這樣的史家，有史以來屈指可數，雖說太史公司馬遷已樹立了典範，後人能企及者，又有幾人？

　　梁任公啟超，學識淵博，著述宏富，對於清末民初一代讀書人，啟迪甚多，影響至大。我們甚至可以說，那一代的讀書人幾乎都是讀「飲冰室」的文章中成長的；就開啟民智，推廣文化的功績來說，似乎無人可以望其項背。但是，任公的學術專長在史學，他在史學上的成就，並未受到學界的肯定，遑論讚揚，究竟原因何在呢？

　　任公在清華的學生張蔭麟，提出了一個說明，指出任公擅長寫史，不耐繁瑣的考訂，與當時學界主流格格不入，以致褒美少而貶抑多，這樣的負面評價自是有失公允。張蔭麟這樣說的：

　　任公於學，所造最深者惟史。而學人之疵之者亦在是。以為其考據之作，非稗販東人（指引用日本學者之言），則錯誤紛出，幾於無一篇無可議者。實則任公所貢獻於史者，全不在考據。任公才大工疏，事繁騖博，最不宜於考據。晚事考據者，徇風氣之累也。雖然，考據史學也。非史學之難，而史才實

難。任公在「新漢學」興起以前所撰記事之巨篇，若〈春秋戰國載記〉（在《飲冰室合集》中首次刊布於其身後，世人注意之者甚少），若〈歐洲戰役史論〉，元氣磅礡，銳思馳驟，奔磚走石，飛眉舞色，使人一展卷不復能自休者，置之世界史著作之林，以質而不以量言，若吉朋、麥可萊、格林、威爾斯輩，皆瞠乎其後矣。曾試自操史筆之人，讀此等書而不心折者，真無目耳。

（參見〈跋梁任公別錄〉，載《思想與時代》第四期，1941 年11 月，又見於《張蔭麟全集》下冊，北京清華大學出版社，2013 年，頁 1848）

張蔭麟說到四位外國史家，著有《羅馬帝國衰亡史》的吉朋 (Edward Gibbon, 1737–1794)、《英國史》的麥可萊 (Thomas B. Macaulay, 1800–1859)，以及《世界史綱》的威爾斯 (H. G. Wells, 1866–1946)，普遍為學界所熟知，格林是何許人呢？我請教臺大歷史系的宋家復教授，承他告知，格林 (John Richard Green, 1837–1883) 著有《英民史記》(*A History of the English People*)。此書清末在中國廣為流傳，但在西方史學史著作中，已少有提及。我們可以說，吉朋與麥可萊是學術地位隆崇的大史家，威爾斯與格林則以撰寫通俗史書為人所知，後者雖然逐漸為人淡忘，卻曾經是頗受人們喜愛的史家。不論任公的史筆是否真能凌駕四人之上，必也識見精卓，文采斐然，就讓我們來讀讀任公的〈春秋載記〉吧。我們只能選開頭的第一段來讀，也是「稍嚐一下讀史滋味」的意思。

　　梁啟超曰：世運尊大同，治法貴統一，此言夫其究竟也；大同統一之治，則未有不以宗法封建為之階者。人類有通性有特性，人人發揮其特性之所長而以會歸於通性，則通性之量自日加博厚而其質自日加高明，世運所為蒸蒸向上，恆必由是也。人之積而為群也則亦有然，合全世界人類可命為最大群有其通性焉，所以示別於不群之禽獸者也。其間則有多數之次大群，字之曰國，各有其特性，彼最大群之通性即此諸次大群特性和合而成也。然此諸次大群之特性，非突如其獲成，其下恆有無數小群。各各有其特性，各發揮之而和合之，則高級之新特性於以強立也。夫今世所稱國家主義者，自達道之君子視之，則其陳義至粗而禰也；然而不能廢者，各國民之聰明才力尺有所短寸有所長，各據國力以胥謀發育繼長增高，而皆有所靖獻於世界。國家主義在人類進化史上，有莫大之價值，由此而已。雖緣此主義而有爭奪相殺之事，生民一時蒙其患苦，然綜數十年數百年各自所耗傷與其所增進乘除以求其總和，至則其對全世界人類猶功逾於罪，此國家主義之公讞也。明乎此者，則可以與言春秋之國故矣。古昔大地未溝通，國人稱禹域曰天下，我累代先民，蓋常懷抱一至高之理想焉，曰：以天下為一家，中國為一人，其粗迹之表見於政論者，則曰大一統；縶古以來，明王哲士經世之業，皆嚮此鵠而邁進者也，直至秦漢，而此理想乃現於實。秦漢以降，政權發施之所自出，雖常有遷移分裂，而所謂中國人者，則已成為永不可分之一體，他族入焉非久，必與之俱化，我國所以能歸然獨立而與天地長久，蓋恃此也，而其醞釀之而字育之者，實在春秋之世。

　　春秋分立百數十國，其盛強者尚十數，日尋干戈，二百餘

年，宜若與大一統之義絕相反也，殊不知非經此階段，則後此一統之象決無自而成。夫我國在今日雖僅為世界百數十國中之一國，然其地尚數倍於全歐洲也。其在古代則非國而天下也，各種姓之孳育，錯處其間者，其類別不知凡幾，言語文字宗教習俗至龐雜不可究詰也。周初封建以本族文化為根幹而條布之於四方，然周所建國校諸固有之部落曾不能什之一也。（自註：觀前卷附表所國名百餘，其周所封者，不過三之一，然所造有限矣。周初千餘國則舊部落之甚多可推見）經數百年以逮春秋，則舊部落陵夷略盡，惟餘十數文化較盛之國，相與競雄長，遂為霸政之局。夫周初封建，雖大國不過百里，取精寡而用物嗇，勢不能大有所發舒，及兼併稍行，其大國皆廓境至數百里，尤大者逾千里。以千數百里之國，而建政府，設法制，備官守，其經緯擘畫，易以纖悉周備，其治理之資，亦不甚觳薄，其政大抵自世族出，執政之德慧術智本優越於齊民，民服其教而弗疑畔，於是各因其土宜，民俗潛發，其物力而淬厲，其人文緝熙向上，而各國之特性以成，故吳季札聽樂而能辨政俗之殊異，蓋特性成熟發越之表徵也，此進化之第一步也。霸政既起，朝聘會盟征伐無虛歲，其勞費誠為各國所共患苦，然而交通之利坐是大開。其君其卿相得頻相酬酢，其士大夫交錯結納，相與上下其議論而互濡染，其術學其軍旅習於共同之行動，增長其節制而磨淬其材力，其道路銜接修治，奔走其商旅而通輸其物材。而其國與國之相交際也，無論在平時在戰時皆有共循之軌則，或出自相沿之禮制，或根於新定之盟約，各信守之，罔敢越也。故爭鬥雖頻數，而生民之被禍不甚烈。霸政全盛之代，尤以仗義執言摧暴扶微為職志，各國不敢恣相侵

伐，民愈得休養生息，以孳殖其文物，而以並立競存之故，各國恆爭自濯磨不敢暇豫，懼一衰落而無以自全也。於是前此已成熟之特性，益發揚充實，而以交際頻繁之故，彼此之特性日相互有所感受，徐徐蒸變化合而不自知，於是在各種特性基礎之上，別構成一種通性，此即所謂中國之國民性，傳二千年顛撲不破者也，而其大成，實在春秋之季，此進化之第二階段也。由此觀之，春秋時代國史之價值，豈有比哉。（自註：讀泰西史，觀希臘時代文化所以極盛，及十字軍後文治所以復興，與夫現代各國並立交際競進之跡，則可以識春秋史價值之崇貴矣。）

（參見《飲冰室專集》之四十五，《飲冰室合集》第八冊，中華書局，1989 年，頁 1–2）

　　原文一氣呵成，我們為了便於閱讀，分成兩大段落。

　　「世運尊大同，治法貴統一」開頭十個字，真是大氣磅礴，意境閎遠，展卷即予人精神一振，最見任公筆法之雄奇。如何證成呢？任公顯然先談概念，大同統一是理想，宗法封建是達到的階段。進一步言，理想是人類共有的，任公稱之為「通性」；而各方努力的表現，則可稱之為「特性」。由小群體展現其特性，貢獻於次大群體，次大群體發揚各自的特性，再貢獻於大群體，即集各方之特性，使通性量增質精，世運即因之蒸蒸向上。任公由此導入較為實際的情況，進而論述國家主義。任公明白國家主義理論簡陋且心胸狹窄，而且導致殺伐戰爭，帶給人民苦難，是其缺失；不過，各國在此主義的鼓動下，殫精竭慮發展各自特性，對於整體向上也是有其貢獻。任公認為，總體衡量其貢獻與缺失，仍是功逾於罪。最後任公將

之帶入中國歷史，揭示古來聖賢哲人鼓吹努力的目標，在於大一統的理想，這一理想落實於秦漢，此後四周蠻夷進入中國，逐漸同化，成為永不可分的整體，而醞釀形塑則在春秋時期。

任公先提出一個大概念，再對這個概念逐步加以闡述，最後導入主題，這是寫歷史的大手筆，非有淵博的學問、宏大的見識是做不到的。我們讀這一段文字，就是要欣賞任公寫史的才華。您看，段落多麼分明，文字多麼精練，特別是氣勢多麼磅礴，筆力多麼雄健！我們好像看到任公那蘸滿墨汁的筆，文不加點，揮灑而下；我們似乎又看到，任公胸中蘊集已久的塊壘，盡情傾吐，暢快無比。私意以為，我們不要帶著考據家的小眼鏡，一意地挑些小毛病，或問些不相干的小問題，諸如：世運真的尊大同嗎？治法真的貴統一嗎？「通性」與「特性」這樣解釋可以嗎？國家主義的「公讞」真的是功大逾罪嗎？以及「大一統」的理念真落實於秦漢嗎？等等。

第二段，主要談春秋時期的發展。春秋時期國家的數目越來越少，國家的規模則日益增大，正是朝向統一邁進。小國遭到大國併滅，遂來到了霸政時期，這些大國多由世族掌政，制度修立，治理得宜，頗得民心，文化也因之萌發，任公認為這就是「特性」成熟的表徵。霸政的進一步，各國來往頻密，有外交的會盟，有戰爭的征伐，各國雖然負擔沉重，戰禍不已，但交通因之大為便利，以致學術、商旅等交往頻繁，並且由於禮制與盟約，產生了共同依循的規矩。霸政全盛時代，霸主需仗義執言，各國不致肆意侵伐，人民得休養生息，文物因之繁盛，已成熟的「特性」得以更加充實，並在各種特性之上，構成一種通性，即中國之國民性。

　　我們在這一段中，看到了任公的如椽巨筆勾勒出春秋圖景的大架構與大脈絡，它的框架非常嚴整，它的進向十分清晰。我們也可以看到，春秋時代的大圖像，在任公心中甚為明朗，最初是怎樣的，接著發生怎樣的變化，而這個變化的重點何在，意義為何，都作了說明。非但點出主要的現象，如政府、法制、世族、戰爭、學術、商旅等，予人鮮活的印象；同時也對屬於人們內心的活動，如人文的成長、規矩的遵行、民生的照顧，以及國民性的形成等，都有所刻劃，雖僅寥寥數筆，但也引人注目。至於「細節」，那就待以後的篇章，詳詳細細加以描繪了。

　　春秋時代真的這麼了不起，這麼重要嗎？這是不是任公的一家之言？確實是可以一談的問題。最簡要的回答方法，就是舉一段另外一位大史家贊同的話，至少說明，對於這個時期的推崇，不是任公的一家之言。請讀錢穆在《國史大綱》中的話：

　　春秋二百四十二年，一方面是一個極混亂緊張的時期；但另一方面，則古代的貴族文化，實到春秋而發展到它的最高點。春秋時代常為後世所想慕與敬重。

　　大體言之，當時的貴族，對古代相傳的宗教均已抱有一種開明而合理的見解。因此他們對於人生，亦有一個清晰而穩健的看法。當時的國際間，雖則不斷以兵戎相見，而大體上一般趨勢，則均重和平，守信義。外交上的文雅風流，更足表顯出當時一般貴族文化上之修養與了解。即在戰爭中，猶能不失他們重人道、講禮貌、守信讓之素養，而有時則成為一種當時獨

有的幽默。道義禮信，在當時的地位，顯見超出於富強攻取之上。《左傳》對於當時各國的國內政治，雖記載較少，而各國貴族階級之私生活之記載，則流傳甚富。他們識解之淵博，人格之完備，嘉言懿行，可資後代敬慕者，到處可見。春秋時代，實可說是中國古代貴族文化已發展到一種極優美、極高尚、極細膩雅緻的時代。貴族階級之必須崩潰，平民階級之必須崛興，實乃此種文化醞釀之下應有之後果。此下戰國興起，浮現在上層政治的，只是些殺伐戰爭，詭譎欺騙，粗糙暴戾，代表墮落的貴族；而下層民間社會所新興的學術思想，所謂中國學術之黃金時代者，其大體還是沿襲春秋時代貴族階級之一分舊生計。精神命脈，一氣相通。因此戰國新興的一派平民學，並不是由他們起來而推翻了古代的貴族學，他們其實只是古代貴族學之異樣翻新與遷地為良。此是中國文化一脈相承之淵深博大處。

（參見《國史大綱》上冊，臺灣商務印書館，2005 年，頁 68-72）

　　人們尊崇孔子，歌誦孔子的偉大，說「天不生仲尼，萬古如長夜」。我們也可以說，沒有春秋時代文明積累，孔子是不可能出現的。「春秋」真是中國歷史上的一個重要時代啊！

梁啟超——春秋時代的秦國

我們讀了梁任公〈春秋載記〉的〈序言〉，對其意境的高遠，筆力的雄渾，自是印象深刻。但稍感遺憾的，這段文字似乎尚未觸及春秋的史事，無以理解任公書寫歷史的功力，果真如同張蔭麟所說，英國諸大史家如吉朋、麥可萊等尚瞠乎其後嗎？我們不妨再引一篇，多讀一點，藉以略窺任公史著的風格與他寫史的才情。我們就選讀〈序言〉接下來的〈紀晉楚齊秦國勢章第一〉中，有關秦的描述吧。

秦興於周故地，歷數百年，卒移周祚，甚矣形勝之不可以假人也。然秦以厄於晉故，終春秋之世，不能得志於中原。秦自稱顓頊苗裔而祖伯益，入周有非子者，以善畜馬事周孝王，孝王分土為附庸，邑之秦。周宣王時，命秦仲為西陲大夫，使伐西戎，自秦仲、莊公、世父、襄公、文公五世，歲歲與戎戰，而死戎難者三君焉（自註：秦仲、世父、文公）。蓋秦戎之爭，自始建國迄春秋中葉（自註：穆公時），歷四百餘年而始略定。而秦人強武不撓之德，實經此磨練以得之，誦《秦風》〈小戎〉、〈駟驖〉諸篇，雖婦人猶以武健相矜尚。梁啟超曰：「求諸外史，則古代希臘之斯巴達似之矣。」周避戎東徙，襄公以兵送平王，王封為諸侯，賜之岐以西之地，與誓曰：「能攻逐戎，即有其地。」秦自是始與諸侯通，後文公屢伐戎，戎敗走。周日積弱，不克西歸，而酆鄗故京，遂永為秦有。秦入春秋，

初為寧公，中更爭亂，歷六君而至穆公，穆公始見於《春秋》
經傳；自穆公前已滅蕩滅亳滅邦冀戎滅小虢，穆公初年，復滅
梁滅芮，秦始大。秦在戰國時，議取三川與伐蜀孰先，卒先伐
蜀，謂利盡西海而天下不以為貪，秦所以能遂并天下者以此。
春秋之初，秦之寖大，事勢亦相類。蓋剪滅諸戎以自廣，非中
原諸國所能與爭也，而秦之所以有裨益於進化之運者，則亦在
是；與晉滅群狄，楚滅群蠻群濮群舒，齊滅萊夷山戎同功也。
秦穆與晉為婚媾，值晉之亂，兩次納置其君（自註：惠公、文
公），將乘是東向以規中原，而晉常厄之，故終春秋之世，兩
國交驩時甚暫，而交爭時甚長，晉不衰，秦終不能以得志。語
在〈晉霸消長章〉。春秋諸異姓大國，多尊用客卿拔擢微賤以
得其力，而秦特甚。秦穆三名臣，曰百里奚，虞之逋臣也；曰
蹇叔，齊之寒門，而百里所薦也；曰由余，晉人而仕於戎者
也，穆公皆羅致而寵任之，秦用以昌。蓋諸姬之國，其公族皆
受特別教育，多賢才，其民亦宗而歸之，非是莫莅也。如秦
者，僻在群戎間，儳野無士大夫，有雄主起，舍借材異地，無
以善治，故求之獨勤，而任之獨重。穆公以此詒謀，世世子孫
襲之，以區區之秦，興於附庸以并天下，皆客卿之力也。秦既
不得志於中原，益西收諸戎，穆公享國久（自註：三十九年），
能恢其業，益國十二，開地千里焉。春秋中葉以後，秦楚之
交，親於秦晉，然秦終踽踽自立，不甚依附東諸侯，故論春秋
史者，秦之重不逮齊，益不逮晉楚也；及晉裂為三，春秋終
焉，天下之大勢始在秦矣。（頁 10-11）

　　第一句話，仍然是氣勢不凡，點出了秦的歷史地位，乃在

起於周的舊域，代周而有天下，並作出解釋，因其據有形勝之地也。

　　任公說：「秦自稱顓頊苗裔」，表示秦出於東方，為東夷後人。現代史家徐中舒說，興起於東方的商族善於駕馭，乘兩輪大車作戰，商代從事畜牧的民族亦在東邊。東方各族多以鳥為圖騰，流行以鳥類為祖先的傳說，秦人亦保存這種傳說。如《史記・秦本紀》，一開篇即云：「秦之先，帝顓頊之苗裔孫曰女脩，女脩織，玄鳥隕卵，女脩吞之，生子大業。」讓人想起《史記・殷本紀》的第一句：「殷契，母曰簡狄，有娀氏之女，為帝嚳次妃。三人行浴，見玄鳥墮其卵，簡狄取吞之，因孕生契。」都是一致的傳說，應有密切的關係。（見氏著《先秦史論稿》）任公又提及「祖伯益」，在《史記・秦本紀》中，作「柏翳」，劉宋裴駰《索隱》做了解釋：「此則秦、趙之祖，嬴姓之先，一名伯翳，《尚書》謂之伯益……尋檢《史記》上下諸文，伯翳與伯益是一人不疑。」伯益是何人呢？他應是與堯、舜、禹同一級的大人物呢！請看范文瀾的描述：「『禪讓』帝位的故事，在傳子制度實行已久的周朝，不容有人無端發此奇想，其為遠古遺留下來的史實，大致可信。據說，堯在帝位，諮詢四岳（姜姓、炎帝族），四岳推舉虞舜作繼位人。舜受各種試驗後，攝位行政。堯死，舜正式即位。舜也照樣諮詢眾人，選出禹來攝行政事。舜死，禹繼位。禹在位時，眾舉皋陶（偃姓、夷族）作繼位人。皋陶死，又舉皋陶子伯益作繼位人。禹死，子啟奪伯益位自立。『禪讓』制度從此廢棄。」（《中國通史簡編》第一編，人民出版社，1964 年，頁 92–93）按：皋陶與其子伯益為偃姓，「偃」即燕，亦鳥圖騰；夷族，即東夷族。

　　到了非子時，以善於養馬，為周孝王封於秦地，開始了與西戎之間長達四百年的爭鬥。任公曰：「秦人強武不撓之德，實經此磨練以得之，誦《秦風》〈小戎〉、〈駟驖〉諸篇，雖婦人猶以武健相矜尚。」我們不妨看看任公所舉詩篇，傳達了怎樣的訊息。〈小戎〉是婦女思念她丈夫遠征的詩，詩三章，每章前六句分別寫戰車、戰馬、兵器。筆意鋪張，描繪細緻，以見軍容之盛，洋溢著陽剛之氣。每章後四句，寫妻子的懷念，纏綿縈迴，透露出溫婉的柔情。〈駟驖〉是描寫秦君打獵的詩，詩三章，分別言將狩之時、正狩之時與狩畢之時。脈絡清楚，富古拙之趣。另外，〈無衣〉則是一首秦國軍中的戰歌，而且是流傳在民間的戰歌。這首詩反映了《秦風》的典型風格，同袍同衣、同仇敵愾、奮勇殺敵的精神充溢全詩。《漢書‧趙充國辛慶忌傳》贊曰：「山西天水、隴西、安定、北地處勢迫近羌胡，民俗修習戰備，高上勇力鞍馬騎射。故秦詩曰：『王于興師，修我甲兵，與子皆行。』（顏師古注：〈小戎〉之詩也，解在〈地理志〉。）其風聲氣俗自古而然，今之歌謠慷慨，風流猶存耳。」班固之言，最能說明其地與羌胡接壤，秦人在艱苦環境中，淬勵奮發，培養出不屈不撓的威武精神，形成風氣，為後世所承襲。（請參見程俊英、蔣見元著，《詩經注析》，中華書局，1991 年）

　　周平王東遷，周之故地遂入於秦，秦又屢敗諸戎，拓地日廣，國勢日盛。任公說：「剪滅諸戎以自廣，非中原諸國所能與爭也，而秦之所以有裨益於進化之運者，則亦在是。」十分重視這幾百年來，秦人的努力與取得的成果，並舉此後戰國時期，秦向蜀地發展，以及春秋時期，晉與齊的發展為例證予以

強調。但秦終厄於晉，不能東進。

　　秦的強大始於穆公，秦至穆公方始見於《春秋》經傳。我
們經常以秦穆公與齊桓、晉文、宋襄、楚莊合稱「春秋五霸」，
秦之東向，受制於晉，迄未到達號召天下的「霸主」地位，但
穆公列名五霸，可知秦之國勢在此時期已有長足進展，不再僅
是居於邊陲，形同戎狄的一個諸侯國而已。穆公之時，何以有
此成就？在位長久，享國三十九年之外，尤為重要的是任用客
卿，拔擢微賤。百里傒、蹇叔與由余，這三位穆公重用的名
臣，更是在秦國興盛起的過程中發揮了巨大的推進作用。

　　百里傒的事跡，《史記‧秦本紀》之外，《史記‧商君列
傳》亦有記載，藉趙良之口，予以描述，頗為簡明，此處就把
白話譯文錄於下：「五羖大夫百里奚原來是楚國的一個村野之
人，他聽說秦繆公賢明就想去秦國見他，但由於沒有路費，於
是就把自己賣給了秦國的一個客人，每天穿著粗布短衣替人家
餵牛。就這樣過了整整一年，秦繆公知道了，於是就把他從一
個餵牛人提拔起來，放在了治理百姓的職位上，秦國對此沒有
一個人敢說閒話。在百里奚任秦國宰相的六七年內，秦國曾經
東出伐鄭，三次幫著晉國樹立國君，又曾一度挽救了楚國的災
難。他只是在秦國國內實行教化，但這就使得西南的巴國向他
納貢了；又由於他能對各國的諸侯們施行仁德，因而使得西部
地區的許多少數民族都歸服了他。由余這位大賢人聽說了百里
奚賢能，也來到秦國求見他。百里奚身為秦國的宰相，乘車外
出時從來不在車上坐著；夏天即使天氣再熱，也從不在車上張
傘，他在京城出出進進，從來沒有車馬跟著，也沒有全副武裝
的警衛人員。可是有關他赫赫功業的記載永遠保存在府庫中；

他的高尚道德永遠流傳於後世。等到百里奚死時，秦國的男男女女全都為之痛哭流涕，以至於連孩子們也不唱兒歌，舂米的人也不哼唱號子。這就是百里奚的德行。」

　　蹇叔因百里傒之薦，為秦穆公重用。《史記・秦本紀》中藉百里傒的推薦，道出了蹇叔的才能，亦可錄白話譯文於下：「晉獻公滅掉了虞國、虢國，俘虜了虞國國君和他的大夫百里傒……把他當做秦繆公夫人陪嫁的奴僕送給了秦國。百里傒從秦國南逃到楚國的宛縣，被楚國的村野之人捉住。秦繆公聽說百里傒賢能，想用重金將他贖回，又恐怕楚國人不給，於是就派人對楚國人說：『我們秦國陪嫁的奴僕百里傒逃到了你們這裡，我們想用五張黑羊皮將他贖回。』楚國人答應，就將百里傒交給了秦國。這時候，百里傒已經七十多歲了。秦繆公將他釋放，向他談論徵詢治理國家的事情，百里傒推辭說：『我是一個亡國之臣，哪裡值得您來詢問呢？』繆公說：『是因為虞國國君不重用你，所以才亡國，這不是你的罪過。』繆公真心誠意地求教，於是兩人一連談論了三天。繆公非常高興，任命他執掌秦國的政權，稱之為『五羖大夫』。百里傒推辭說：『我不如我的朋友蹇叔。蹇叔賢明能幹，但沒有人理解。以前我遊歷到齊國時，曾窮困得向至邑人乞食，是蹇叔收留了我。那時我想去投奔齊君無知，是蹇叔阻止了我，才使我避免了齊國的災難。後來我到了周國，周國的王子穨喜歡牛，我就以養牛術向他求見。等到王子穨想重用我的時候，蹇叔阻止我，我聽從蹇叔的意見離開了周國，這才免被殺戮。後來我去求見虞君，蹇叔還是阻止我，我也知道虞君不會重用我，但我貪圖利祿爵位，就暫且留了下來。我兩次聽從蹇叔，兩次倖免於難；只有

一次未聽，偏就碰上了虞國的滅亡。根據這些，所以我說蹇叔賢明。』於是，秦繆公派人用厚禮往請蹇叔，任用他為上大夫。」我們發現，這段記述百里傒的事跡，與《史記·商君列傳》有異，不要忘了，那段話是趙良說的。

　　由余的事跡，請讀《史記·秦本紀》中的記載，亦將白話譯文錄於下：「戎王派由余出使秦國。由余的祖先原是晉國人，因犯罪逃到了戎，所以由余能說晉國話。戎王聽說秦繆公賢明，所以派由余到秦國探測虛實。秦繆公向由余展示宮室和儲備，由余說：『這些讓鬼神去做，將勞累鬼神；要是讓人民去做，將累苦人民。』繆公感到很奇怪，問他說：『中原各國都是用《詩》、《書》、《禮》、《樂》、法度來治理國家，即使這樣，還時常發生變亂；戎夷沒有禮樂法度，你們用什麼來治理國家呢？恐怕也太困難了吧。』由余笑著說：『這就是中原地區所以容易發生變亂的原因！從上古的聖人黃帝就開始制定禮樂法度，而且黃帝自己率先實行它，即使這樣也不過是達到小治而已。到了後世，在上位的人天天驕奢淫逸，倚仗法律的威嚴來督責百姓，下邊的人疲困到了極點，就怨恨居上位的人不行仁義。上下互相怨恨，於是就有篡位弒君以及誅滅宗族，許多事情就是這樣造成的呀。戎夷就不是這樣，居上位的人用淳樸敦厚的美德對待下屬，做下屬的也忠誠地侍奉上位的人。治理一個國家就如同治理自己的身體一樣，雖然不知道怎麼治理但卻治理得很好，這才真正是聖人治理的國家呀！』秦繆公退朝以後問內史廖說：『我聽說，鄰國有聖人是敵對國家的憂患。如今由余是一個賢能的人，這就是我們的心腹之患，我們要怎麼對待他呢？』（王廖獻計送給戎王歌舞伎女，使戎王樂而忘返，

政事廢弛，並拖延由余回國期限。秦繆公於是用王廖計。）戎王接受了這些舞女非常喜歡，一年到頭都沉迷於女樂而不思改變。這時候秦國送由余回到了戎夷。由余多次勸諫戎王不要沉迷女樂，而戎王就是聽不進去。秦繆公又多次派人暗中邀請由余，於是由余就離開戎夷歸順了秦國。秦繆公用對待貴賓的禮節對待由余，並向他詢問征伐戎夷的計策。」

以上三段白話譯文，見於韓兆琦注譯，《新譯史記》，三民書局，2008 年。

任公總論秦國，從秦之起於東方，後移於西陲，長期與西戎接觸、交往、爭鬥，培養出「威武不撓」的精神；至穆公之時，東向發展，秦晉之間，雖然交歡少而爭鬥多，卻以強國姿態引人注目；能夠有此成就，在於穆公「任用客卿，拔擢微賤」，奠定厚實的基礎。後日經孝公、商鞅之變法，遂獨強於天下。整篇文字，脈絡分明，敘述流暢，氣勢盈溢，筆力雄渾。而「秦人強武不撓之德，實經此磨練以得之」，「剪滅諸戎以自廣，非中原諸國所能與爭也，而秦之所以有神益於進化之運者，則亦在是」以及「有雄主起，舍借材異地，無以善治，故求之獨勤，而任之獨重。穆公以此詒謀，世世子孫襲之，以區區之秦，興於附庸以并天下，皆客卿之力也」，則不能說不是任公論史的卓識。

這一篇的寫法稍異於他篇，不是分析內容，而是添補史例。我們可以多讀到一些有關的資料與故事之外，也可以感到任公寫史，儘管只是勾勒重點，卻是基於嫻熟經史，學養深厚。

梁啟超——從清代學術展望未來

有一則梁任公的故事，也是近代學界的佳話，不知您聽說過嗎？民初軍事學家蔣百里（方震），寫了一本五萬字的小書《歐洲文藝復興史》，介紹西方歷史上的一件大事「文藝復興」，寫好了就請任公寫一篇序文。任公看了這本小書，想到中國學術史上也有「以復古為解放」的運動，那就是清代的考證學。於是，拿起筆來，把清代學術從頭說起，這時文思泉湧，下筆不能自休，未曾參考任何書籍資料，一氣呵成，寫了五萬字的「序言」。當然，這五萬字就成了一本談清代學術的小書，任公回過頭來，請蔣百里為他寫序了。

清代的學術對我們來說，雖然只是三百多年前的事，感覺已經相當遙遠，考證學更是一個十分陌生的辭彙了。也許正因為如此，我們更應該知道一點西方現代學術進入中國之前，中國的學術呈現著怎樣的本來面貌，那就讀點關於清代學術的論著吧。梁任公與錢賓四先生都撰有《中國近三百年學術史》，而且都是評價很高的名著，侯外廬的《中國早期啟蒙思想史》，後收入為《中國思想通史》第五卷，則是從唯物史觀論清代學術，也是一部名著。然而，這些都是頗有份量的煌煌巨著，不是時間有限的我們所能展卷一讀的；惟有那小小的，卻十分精彩的《清代學術概論》最適合我們，既不構成負擔，又可以享受讀書的樂趣。

任公從顧炎武、黃宗羲談起，一直寫到梁啟超。他對自己

的評價，有曰：「啟超之在思想界，其破壞力確不小，而建設則未有聞。晚清思想界之粗率淺薄，啟超與有罪焉。」又說：「啟超可謂新思想界之陳涉。雖然，國人所責望於啟超者不止此，以其人本身之魄力，及其三十年歷史上所積之資格，實應為我新思想界力圖締造一開國規模。若此人而長此以自終，則在中國文化史上，不能不謂為一大損失也。」可謂既真誠，又自負。他還寫到章炳麟（太炎），如曰：「在此清學蛻分與衰落期中，有一人焉能為正統派大張其軍者，曰：餘杭章炳麟。炳麟少受學於俞樾，治小學極謹嚴。然固浙東人也，受全祖望、章學誠影響頗深，大究心明清間掌故，排滿之信念日烈。炳麟本一條理縝密之人，及其早歲所作政談，專提倡單調的『種族革命論』，使眾易喻，故鼓吹之力綦大。中年以後，究心佛典，治「俱舍」、「唯識」有所入。既亡命日本，涉獵西籍，以新知附益舊學，日益閎肆。……蓋炳麟中歲以後所得，固非清學所能限矣，其影響於近年來學界者亦至鉅。雖然，炳麟謹守家法之結習甚深，故門戶之見，時不能免。如治小學排斥鐘鼎文龜甲文，治經學排斥『今文派』，其言常不免過當，而對於思想解放之勇決，炳麟或不逮今文家也。」論述太炎先生的學術的重要性與局限，很值得參考。欲知其詳，請找來此書一讀（參見《清代學術概論》，五南圖書，2012 年）。這裡，我想把全書的最後一節全錄於下，讓我們看看任公寫完全書之後，心中在茲念茲，不能忘懷的，是些什麼。

　　讀吾書者，若認其所採材料尚正確，所批評亦不甚紕繆，則其應起之感想，有數種如下：

　　其一，可見我國民確富有「學問的本能」。我國文化史確有研究價值，即一代而已見其概。故我輩雖當一面盡量吸收外來之新文化，一要仍萬不可妄自菲薄，蔑棄其遺產。

　　其二，對於先輩之「學者的人格」，可以生一種觀感。所謂「學者的人格」者，為學問而學問，斷不以學問供學問以外之手段。故其性耿介，其志專一，雖若不周於世用，然每一時代文化之進展，必賴有此等人。

　　其三，可以知學問之價值，在善疑，在求真，在創獲。所謂研究精神者，歸著於此點。不問其所疑、所求、所創者在何部分，亦不問其所得之鉅細，要之經一番研究，即有一番貢獻。必如是始能謂之增加遺產；對於本國之遺產當有然，對於全世界人類之遺產亦當有然。

　　其四，將現在學風與前輩學風相比照，令吾曹可以發現自己種種缺點。知現代學問上籠統、影響、凌亂、膚淺等等惡現象，實我輩所造成。此等現象，非徹底改造，則學問永無獨立之望，且生心害政，其流且及於學問社會以外。吾輩欲為將來之學術界造福耶？抑造罪耶？不可不取鑒前代得失以自策屬。

　　吾著此書之宗旨，大略如是。而吾對於我國學術界之前途，實抱非常樂觀。蓋吾稽諸歷史，徵諸時勢，按諸我國民性，而信其於最近之將來，必將演出數種潮流，各為充量之發展。吾今試為預言於此，吾祝吾觀察之不謬，而希望之不虛也。

　　一、自經清代考證學派二百餘年之訓練，成為一種遺傳，我國學子之頭腦，漸趨於冷靜縝密。此種性質，實為科學成立之根本要素。我國對於「形」的科學（數理的），淵源本遠，

根柢本厚；對於「質」的科學（物理的），因機緣未熟，暫不發展。今後歐美科學，日日輸入，我國民用其遺傳上極優粹之科學的頭腦，憑藉此等豐富之資料，瘁精研究，將來必可成為全世界第一等之「科學國民」。

二、佛教哲學，本為我先民最珍貴之一遺產，特因發達太過，末流滋弊，故清代學者，對於彼而生劇烈之反動。及清學發達太過，末流亦敝，則還元的反動又起焉。適值全世界學風，亦同有此等傾向。物質文明爛熟，而「精神上之飢餓」益不勝其苦痛。佛教哲學，蓋應於此時代要求之一良藥也。我國民性，對於此種學問，本有特長，前此所以能發達者在此，今後此特性必將復活。雖然，隋唐之佛教，非復印度之佛教，而今後復活之佛教，亦必非復隋唐之佛教。質言之，則「佛教上之宗教改革」而已。

三、所謂「經世致用」之一學派，其根本觀念，傳自孔孟，歷代多倡道之，而清代之啟蒙派、晚出派，益擴張其範圍。此派所揭櫫之旗幟，謂學問有當講求者，在改良社會增其幸福，其通行語所謂「國計民生」者是也。故其論點，不期而趨集於生計問題。而我國對於生計問題之見地，自先秦諸大哲，其理想皆近於今世所謂「社會主義」。二千年來生計社會之組織，亦蒙此種理想之賜，頗稱均平健實。今此問題為全世界人類之公共問題，各國學者之頭腦，皆為所惱。吾敢言我國之生計社會，實為將來新學說最好之試驗場，而我國學者對於此問題，實有最大之發言權，且尤當自覺悟其對此問題應負最大之任務。

四、我國文學美術，根柢極深厚，氣象皆雄偉，特以其為

「平原文明」所產育，故變化較少。然其中徐徐進化之跡，歷然可尋。且每與外來之宗派接觸，恆能吸收以自廣。清代第一流人物，精力不用諸此方面，故一時若甚衰落，然反動之徵已見。今後西洋之文學美術，行將盡量輸入，我國民於最近之將來，必有多數之天才家出焉，採納之而傅益以己之遺產，創成新派，與其他之學術相聯絡呼應，為趣味極豐富之民眾的文化運動。

五、社會日複雜，應治之學日多，學者斷不能如清儒之專孳古典，而固有之遺產，又不可蔑棄，則將來必有一派學者焉，用最新的科學方法，將舊學分科整治，擷其粹，存其真，續清儒未竟之緒，而益加以精嚴，使後之學者既省精力，而亦不墜其先業，世界人之治「中華國學」者，亦得有藉焉。

以吾所觀察所希望，則與清代興之新時代，最少當有上列之五大潮流，在我學術界中，各為猛烈之運動，而並占重要之位置。若今日者，正其啟蒙期矣。吾更願陳餘義以自屬，且屬國人：

一、學問可嗜者至多，吾輩當有所割棄然後有所專精。對於一學，為徹底的忠實研究，不可如劉獻廷所誚「祇教成半個學者」（《廣陽雜記》卷五），力洗晚清籠統、膚淺、凌亂之病。

二、善言政者，必曰「分地自治，分業自治」；學問亦然，當分業發展，分地發展。分業發展之義易明，不贅述。所謂分地發展者，吾以為我國幅員，廣坪全歐，氣候兼三帶，各省或在平原，或在海濱，或在山谷，三者之民，各有其特性，自應發育三箇體系以上之文明。我國將來政治上各省自治基礎確立後，應各就其特性，於學術上擇一二種為主幹。例如某省人最

宜於科學，某省人最宜於文學美術，皆特別注重，求為充量之
發展。必如是，然後能為本國文化、世界文化作充量之貢獻。

　　三、學問非一派可盡，凡屬學問，其性質皆為有益無害。
萬不可求思想統一，如二千年來所謂「表章某某罷黜某某」
者。學問不厭辨難，然一面申自己所學，一面仍尊人所學，庶
不至入主出奴，蹈前代學風之弊。

　　吾著此篇竟，吾感謝吾先民之飴遺我者厚。吾覺有極燦爛
莊嚴之將來橫於吾前！（頁 136–140）

　　全文可分為三大段落。第一段，任公談及全書的「宗旨」；
首先是「學問的本能」，說明「學問」是以追求真理為目的，
若以學問為達到某一目的的手段，就失去了學者的「人格」。
學者為學問而學問，似乎無甚實用，但時代之有進步，文化之
有發展，這是主要因素。其次，談到學問的價值，追求真理，
在於善疑，亦在於創獲。不問其追求之目標為何，只要具有研
究的精神，對於本國與人類遺產的增益，均有貢獻。第三談到
學習昔日學者的良好學風，我們看到前輩學者之嚴謹、精細、
堅持，正可以反映我輩諸如籠統、凌亂、膚淺等缺點，而思有
所反省、檢討與改進。我們應該要從前代的得失中，策勵自
己，造福未來。

　　第二段舉出五個面向，說明對最近的將來有著怎樣的期
盼。第一，藉由考證學的遺傳，我國學子的頭腦趨於細密，可
以成為第一等的「科學國民」。頭腦可以遺傳的嗎？我們讀點
二十一世紀介紹研究腦神經的書，看看關於學習的最新的理
論，遺傳似乎頗有可能；但僅二百多年，就可以遺傳，又稍嫌

誇大。我們知道，在中國，精細辨析的學問，早已成為傳統，
考證學也不是從清代開始的。

　　第二，任公以佛教哲學代表玄思的學術，以清學代表實證
的學術，談兩者間的互動，進而述及物質文明的爛熟與精神文
明的飢餓。此一看法，多少反映一次大戰之後，任公思想回歸
傳統的趨向，期能發展出中國式的佛教，以矯治西方文明偏於
物欲的流弊，為全人類找出安身立命的途徑。

　　第三，所謂「經世致用」，即針對現實社會進行改造的學
問，任公指出我國這方面的學說思想，頗近於今日的「社會主
義」，主要是「均平」的觀念，公平與正義的主張，為先聖先
賢所強調，也是我國學術中亟待發揚的內容。

　　第四，任公明白指出清代文學、美術成績有限，與西方相
較，尤見不如。應該努力吸取西人長處，期能融匯中西，開創
新局。

　　第五，時代不同，學術必將有異，今後不可再如清儒之
學，但亦不可完全捨棄前輩成就，必須融舊鑄新，發展出適應
時代潮流的新「國學」。

　　梁任公最後以啟蒙時期已至，提出三點最後的意見，自屬
屬人。一、不要做半個學者，要做忠實的研究；二、學術可以
分地自治，各因其地理環境，發展各自的特長；三、努力追求
的學問，皆有價值，不可求思想的統一。其中學術上的「分地
自治」之說，反映北伐之前「聯省自治」的政治主張，頗為任
公所贊同，今天看來，已如明日黃花了。

　　任公說，他的筆鋒常帶感情，我們讀此一段文字，處處讀
到濃郁的感情，既是緬懷昔日前輩大儒，更是鼓勵今天青年學

子；既是肯定傳統學術文化，更是追求現代思想文明。我們宛如聽到任公心中的吶喊：我們要珍惜我們的傳統啊！我們要改造我們的學術啊！我們的責任很重大，我們的時間不多了，要認真學問，要加緊腳步，才能對於我們的國家，乃至世界人類，有所貢獻！

我們今天，與任公的時代相去已有百年，一個世紀過去了，任公的著作還有一讀的價值嗎？請看看錢賓四先生的意見，他給余英時的一封信中寫道：

近人論學，專就文辭論，章太炎最有軌轍，言無虛發，絕不枝蔓，但坦然直下，不故意曲折搖曳，除其多用僻字、古字外，章氏文體最當效法。可為論學文之正宗。其次是梁任公，梁任公於論學內容固多疏忽，然其文字則長江大河，一氣而下，有生意、有浩氣，似較太炎各有勝場，即如《清代學術概論》，不論其內容，專就其書體制言，實大可取法。

（參見《猶記風吹水上鱗》，三民書局，1995 年，頁 253）

由於文中提及章太炎，也就把賓四先生稱讚太炎文字一併抄錄，謹供參考。

齊如山——研究國劇

我所謂的「名家」，是指學有專精，或術有專精的人物。他們都是在某一方面下過很多功夫，取得很大成就，其見解之高遠，修養之深湛，足為後人學習效法。特別是他們何以有此成就，必然有其道理，我們細心閱讀，多多了解，對於這個「道理」也會有所認識。淺見以為，多了解一些道理，對於我們的讀書學習，或者待人處世，都將有所助益。我們讀歷史，最熟悉的當然是歷史學者，本書所選的論述也都是取自歷史學家的論著，但不表示「名家」只限於歷史學家，或專門從事歷史工作的專家。現在我就要選一位不屬於歷史學者的「名家」所寫的論述，讓我們看看，一位卓然有成的人物，其成功之道何在？我們也可以發現，許多道理其實是相通的，歷史工作如此，其他的工作也莫不如此。

齊如山 (1875–1962) 是一位戲劇學者，在國劇理論的建立方面貢獻很大；他還是一位編劇家，編製了多齣著名的戲劇，至今仍是平劇中的代表戲碼，經常演出；他也培植了傑出演員，平劇演員中最負盛名者當推梅蘭芳，就是在他的細心教導下得到很高的藝術成就。

這裡選一段齊如山如何研究戲劇的文字，這段文字談的是創立國劇學會時，他所做的工作之一。1939 年，梅蘭芳在他的一手安排、策劃下赴美演出，獲得很大的成功，梅蘭芳還獲頒博士學位（波摩拿學院）。齊如山先生並以梅蘭芳的口氣寫了

一本《梅蘭芳游美記》，專記其事。回國後，齊先生即創立國劇學會，主要工作有五：一、研究國劇的原理；二、搜羅國劇的材料；三、出版月刊畫報；四、辦國劇傳習所；五、編纂《國劇辭典》。以下所選即「研究國劇的原理」一節的全部內容。文字有點長，但不難，只要順著讀，不一會兒就讀完了。我們閱讀文字，要有點耐心，要設法進入那個情景之中，好像身歷其境一樣。做到這一點，就會覺得許多文章，都是值得一讀再讀，玩味再三。

研究國劇的原理

　　這門工作，可以說就是我一個人，其餘幾位朋友，雖然每月出幾個錢，但多是公餘之暇，到此閑坐談談，他們視為俱樂部的性質，對於國劇之工作，並不大感興趣，所以只有我一個人苦幹。我把二十多年所問的老腳談話的記錄，拿出來一條一條的再加以研究。不過從前的老腳，不在的很多了，例如譚鑫培、劉景然、王鴻壽、田際雲、李連仲、王長林、李壽峰、李順亭、陳德林、朱文英、方秉忠等等，有的常談，有的偶爾談談，此時是都去世了。幸而如錢金福、尚和玉、勝慶玉、曹心泉、馮蕙林、程繼仙、汪子良、孫怡雲、蕭長華、慈瑞泉、徐蘭園、韓佩亭等等諸位還在，於是常常約他們到會，把我歸納好的記錄，每條加以研究，及判斷其是否妥當。判斷毫無疑義者，便算規定，其有問題，則暫且闕疑，再找證據。如是者作了二三年的工夫，大致都算有了眉目。說也可笑，這群戲界老輩，雖然都是我請來的，但談論起來都還感興趣，可是絕對沒有一個文人加入工作。一次為研究一個問題，翻這一本記錄，

查那一本記錄，累的一頭大汗。在座者有曹心泉、蕭長華、尚和玉、程繼先、梅蘭芳諸位。蕭長華說：「您不是吃這行飯，可是老研究；戲界人是靠這行吃飯的，可是老沒人研究。」尚和玉說：「我們戲界人要都像齊先生這樣研究法，現在的戲就不是這個樣子了。」曹心泉說：「如今年輕的腳，不必說他們自己不研究，你給他說說，他都不愛聽。日前某人去《三堂會審》藍袍，把發落二字，一個念成平聲，一個念成去聲，聽著真扎耳朵，我對他說了說，不但他不愛聽，連旁邊的人也以為多餘。你替他研究，他都不愛聽，你還想讓他自己研究嘛?」尚和玉說：「我不是薄飭同行，您問他們唱武生的，哪一個真正會耍一個雲手?」蕭長華又說：「如今是什麼都看得輕，只若有一條好嗓子就夠了，學的固然不那麼學，教的也不那麼教。」程繼先說：「畹華（梅蘭芳字畹華）不是完全得力於齊先生嗎?」蘭芳也說：「可不是嗎，我這十幾年，一切的事情，就都是靠齊先生。」末了蕭長華又取笑說：「齊先生您研究了這個，往哪兒吃飯去呀?」我也笑了，我說：「我研究這個，不是為吃飯，而是吃了飯來研究。」蕭長華又說：「好在您有大和恒，用不著在戲界找飯吃。」此語說完，滿屋大樂，蓋余家有一米麵舖，信用極著，生意極好，有許多人尚不知為余家之產業，蕭則永買大和恒之麵，且天天在門口過，知之甚詳，故有此語。曹心泉嘆了一口氣說：「要不是齊先生給我們寫寫，把祖師爺這點心傳傳留下去，恐怕就要失傳。」尚和玉說：「您寫的那本《中國劇之組織》可真不賴!」我說：「那還不是你們大家對我說的嗎，否則我一句也寫不出來。」如此談談笑笑，接續不斷的工作了好幾年，不但正式工作時如此，偶爾閑談，或留他們

吃頓便飯以及在飯館吃飯等等，無時不是談此，不但得到了他們大家的許多知識，而且也是快樂而有趣的事情。一次，蕭長華說：「到齊二爺這兒來，得預備預備，不知道他問甚麼，一問一直脖子，也怪不好意思的。」葉春善說：「那也沒什麼，不知道就是不知道，我們的老師就沒這樣教，我們怎麼能夠知道呢？不過萬不能強不知以為知就得了。」老丑行郭春山說：「可是由他這一問，你雖當時答不上來，回家細想一想，倒許可以知道嘍。」王瑤卿說：「可不是嘛，這是那麼回事，齊先生常到我家去，什麼也問，往往問至半夜，尋根究底，使我無詞以對。可是反覆尋思，也能驟有所得，這真可以說是善於啟發真理，而於我們戲界大有助益的事情。」彼時大家談的這類話，尚多的很，不必盡述了。

（參見《齊如山回憶錄》，遼寧教育出版社，2005 年，頁 163-165）

　　這段文字確實有點長，讀起來累不累？大概不累，因為內容相當輕鬆，甚至可說有趣。不過，這段文字中，不是沒有「道理」。什麼「道理」呢？不妨想一想。我覺得，齊如山先生在這裡談的，應該就是關於「研究」的「態度」，或者可以說是「研究」的「道理」。「研究」需要追根究底，鍥而不捨，而且要持之以恆，方能真有所獲。這是一個態度問題，我就是想把一些事情弄清楚，我就是肯花大功夫，我就是不弄明白決不罷休。做任何事，有了這樣的態度，怎會不成功？怎會沒成就？但是，這種態度說說容易，實際做來相當困難，沒有一點毅力，沒有一點傻勁，沒有擇善固執、百折不回的精神，是談

不上的。但是，從另一方面來說，如果一個人有著這樣的精神，採取這樣的態度，他會產生一些感染的力量，會得到他人的幫助，做起事來，成功的機率就大了很多。

　　這段文字，主要是作者與一些名腳的對話，這些對話很少談及戲劇本身的事，談到的幾乎都是對於戲劇的態度。我覺得，齊如山先生把這些對話作了很好的安排，讓我們讀者看到一個話題是怎樣開展，怎樣轉折，以及怎樣一步一步由淺入深的。特別是後面的那一段談話，從「有準備才能回答」，到「不知不可強以為知」，到「細想倒許可以知道」，到「反覆尋思必有所啟發」，可以說是步步轉進，層層深入，真是十分精彩。這段文字其實也呈現出一個表述的典範，教導我們怎樣書寫，其實也就是怎樣思考。

　　附帶一提，齊先生在這段文字中，記了不少平劇演員的名字，對我們來說，大概只有梅蘭芳是熟悉的，其他可能都是初次聽聞。但是，齊先生這裡所記的名字，在當時可都是舞臺上的名腳，北平城裡家喻戶曉的大人物呢！

王國維——周制的意義

嚴耕望先生說：「我認為前一輩的中國史學界有四位大家，兩位陳先生（陳寅恪與陳垣）、呂思勉誠之先生與業師錢穆實四先生。」在附注中又對「前一輩」作了一點說明：「此處所謂『前一輩』係指我所及睹丰采，或讀其書時，其人尚健在；若如梁啟超、王國維兩先生皆不在此列。」（《治史答問》，臺灣商務印書館，2008 年，頁 80）這樣說來，嚴先生認為現代中國的史學界的「大家」，應指兩位陳先生、呂思勉、錢穆、梁啟超與王國維。我的主觀看法，就「史學」成就而言，呂思勉與梁啟超二位，似乎稍有遜色，其他四位足以名列現代史學大師而無愧。如果再進一步問：誰是百年來中國史學的第一人？其實這個問題無甚意義，而且排名需要標準，標準也很難擬定。譬如，若以著作的數量來比，錢穆先生的一千七百萬言，必然遙遙領先；若以質量來比，則是各有千秋，難分軒輊。我想從一個很主觀，又帶一點好玩的角度來看，像是以著作的影響與個人的學養兩個方面，作一點比較；當然這種比較，完全是個人的一偏之見，欠缺任何客觀的意義。

我認為王國維 (1877–1927) 是百年來中國史學的第一人。他在甲骨文研究、漢代簡牘研究，宋元戲曲研究以及《紅樓夢》研究等各方面，都有開創性的貢獻。而就個人學養言，他於史學之外，對於文學與哲學的修養應非其他三位可及，就是對於西方文化的了解，應該也是不在陳寅恪先生之下。

　　我想舉一段王國維先生的著作，看看他如何談歷史。以下
是從〈殷周制度論〉裡摘錄出來的一段論述：

　　是故有立子之制，而君位定；有封建子弟之制，而異姓之
勢弱，天子之位尊；有嫡庶之制，於是有宗法，有服術，而自
國以至天下合為一家；有卿大夫不世之制，而賢才得以進；有
同姓不婚之制，而男女之別嚴。且異姓之國，非宗法之所能統
者，以婚媾甥舅之誼通之；於是天下之國，大都王之兄弟甥
舅，而諸國之間，亦皆有兄弟甥舅之親。周人一統之策，實存
於是。此種制度，固亦由時勢之所趨，然手定此者，實惟周
公。原周公所以能定此制者，以公於舊制本有可以為天子之
道，其時又躬握天下之權，而顧不嗣位而居攝，又由居攝而致
政，其無利天下之心，昭昭然為天下所共見，故其所設施，人
人知為安國家定民人之大計，一切制度，遂推行而無所阻矣。
　　由是制度，乃生典禮，則經禮三百，曲禮三千是也。凡制
度典禮所及者，除宗法、喪服數大端外，上自天子諸侯，下至
大夫士止，民無與焉，所謂禮不下庶人是也。若然，則周之政
治，但為天子、諸侯、卿大夫、士設，而不為人設乎？曰：非
也。凡有天子、諸侯、卿大夫、士者，以為民也。有制度典禮
以治，天子、諸侯、卿大夫、士，使有恩以相洽，有義以相
分，而國家之基定，爭奪之禍泯焉。民之所求者，莫先於此
矣。且古之所謂國家者，非徒政治之樞機，亦道德之樞機也。
使天子、諸侯、大夫、士各奉其制度典禮，以親親、尊尊、賢
賢，明男女之別於上，而民風化於下，此之謂治，反是則謂之
亂。是故天子、諸侯、卿大夫、士者，民之表也；制度典禮

者，道德之器也，周人為政之精髓，實存於此。此非無徵之說
也，以經證之：禮經言治之迹者，但言天子、諸侯、卿大夫、
士，而《尚書》言治之意者，則惟言庶民，〈康誥〉以下九篇，
周之經綸天下之道胥在焉。其書皆以民為言，〈召誥〉一篇，
言之尤為反覆詳盡，曰命、曰天、曰民、曰德，四者一以貫
之。其言曰：天亦哀於四方民，其眷命用懋，王其疾敬德。又
曰：今天其命哲，命吉凶，命歷年，知今我初服，宅新邑，肆
惟王其疾敬德，王其德之用，祈天永命。又曰：欲王以小民受
天永命。且其所謂德者，又非徒仁民之謂，必天子自納於德而
使民則之。故曰：其惟王勿以小民淫用非彝。又曰：其惟王位
在德元，小民乃惟刑，用於天下，越王顯。充此言以治天下，
可云至治之極軌。自來言政治者，未能有高焉者也。古之聖
人，亦豈無一姓福祚之念存於其心，然深知夫一姓之福祚與萬
姓之福祚是一非二，又知一姓萬姓之福祚與其道德是一非二，
故其所以祈天永命者，乃在德與民二字。此篇乃召公之言，而
史佚書之以誥天下。（〈洛誥〉云「作冊逸誥」，是史逸所作，〈召
誥〉與〈洛誥〉日月相承，乃一篇分為二者，故亦史佚作也。）文
武周公所以治天下之精義大法，胥在於此。故知周公之制度典
禮，實皆為道德而設，而制度典禮之專及大夫士以上者，亦未
始不為民而設也。

（參見《觀堂集林》卷十，中華書局，1959 年，頁 12-14）

　　是不是很難？真的不容易，不但是用文言文來寫，已經讓
人讀不懂，還引了一些讓人完全不知所云的古書，更是讀不下
去。對我們這一代的「讀書人」來說，這裡所引古書的文句確

實太難，不加解釋，是看不懂的。惟一的辦法，就是把它用白
話文說一遍。我覺得這是合理的，我也應該這麼做才對。在
此，先把文章中所引用的古文，主要是《尚書》中詞句列出
來，再把屈萬里的《尚書今註今譯》（臺灣商務印書館，1969
年）中的白話文抄於其後，我們就可以知道這些難懂的古文，
究竟是什麼意思。

　　《尚書・召誥》：「天亦哀於四方民，其眷命用懋，王其疾
敬德。」屈萬里的白話譯文是：「老天是憐憫四方（天下）的民
眾的，王可要顧慮天命而奮勉從事，王可要急切地謹慎於德
行。」《尚書・召誥》：「今天其命哲，命吉凶，命歷年。知今我
初服，宅新邑，肆惟王其疾敬德。王其德之用，祈天永命。」
屈萬里的白話譯文是：「（不知道）現在老天要使我們明哲與
否，使我們吉利或凶險，使我們國運悠長與否。現在我們剛剛
任政，住在新城，所以王要趕緊地謹慎於德行。王能照著美德
去做，那才能向老天祈求悠久的國運。」《尚書・召誥》：「欲王
以小民受天永命。」屈萬里的白話譯文是：「希望王與小百姓們
同來接受老天所賜與的永久的命運。」《尚書・召誥》：「其惟王
勿以小民淫用非彝。」屈萬里的白話譯文是：「希望王不要因小
百姓們過度地違犯法規就來殺戮他們。」《尚書・召誥》：「其惟
王位在德元，小民乃惟刑，用於天下，越王顯。」屈萬里的白
話譯文是：「王能作為道德的表率，小百姓們才效法你；照這
樣施行於天下，那麼王才能光顯（美好）。」

　　看了白話譯文，每一句難懂的古文，什麼意思都很清楚
了，那麼，我們就要進一步問：這些資料可以支持撰者的論點
嗎？這些資料，是不是如同撰者所述，清楚說明周初統治者時

時想到人民，而且作為人民的表率？由於這些資料作為證據，讓我們對於撰者提出的觀念，能夠同意、接受嗎？我們選的這段文字，從一開始的地方，「有立子之制」、「有封建子弟之制」、「有嫡庶之制」、「有卿大夫不世之制」、「有同姓不婚之制」等，其論述方式都是與此相同，都是引用資料作為例證，都是有憑有據。所以，儘管今天見到的甲骨比過去為多，一些王國維的論述，例如商人是兄終弟及，周人是嫡長子繼承制，現代學者已不再採信。例如，裘錫圭的〈關於商代的宗族組織與貴族和平民兩個階級的初步研究〉（參見《古代文史研究新探》，江蘇古籍出版社，1992 年，頁 296–342）就從這個角度批評〈殷周制度論〉，我認為，裘錫圭的批評，證據明確，不無道理，今天相信殷人是兄終弟及，周人是嫡長子繼承制的人已經不多。但是，這並不影響到這篇文章的價值，並不因為某一些論點證據不足，難以成立就全盤否定。因為「事實」是否正確，只是評論文章好壞的一項指標，而不是惟一標準；除了「事實」之外，論證的過程是否嚴謹十分重要，很值得我們重視；再說，一篇文章，應該有其宗旨，作者應該表達他的人文理想與終極關懷，我覺得這是一篇文章的核心價值，也是其靈魂所在。一篇文章，考證得再精確，把事實復原得再完整，如果提不出高遠的理念，並無感人的力量，也就沒有什麼高貴的價值可言。這樣說來，王國維的〈殷周制度論〉一文，其最有價值的地方，就是他所說的：「古之所謂國家者，非徒政治之樞機，亦道德之樞機也。……故知周之制度典禮，實皆為道德而設。」全篇文章不過都在說明這個道理，而這個道理不也就是傳統文化之中最為重視的道理之一嗎？把這個道理詳加闡

釋，使這個道理深入人心，今天看來有什麼不好呢？退一步而言，一位歷史家，有著這樣的一個信念，對人世社會有著這樣的關懷，是不是很讓人敬佩、讓人感動呢？如果歷史學家欠缺一顆高貴的心，只是想到自己的名和利，他的著作就是考證精詳，論述嚴謹，也總是讓人感到有所欠缺，也只能為讀者多添一點知識，是無法給人多一些智慧，讓人多一點修養的。

　　附帶一說，這篇文章用文言寫成，對我們來說，確實難了一點。讀的時候，要細心體會，要聯繫前後文意，才不致於誤解文意。例如：第一段最後的地方有一句話，說到周公「其無利天下之心」，怎麼了解呢？一定不是「周公不想有利於天下」，而應該是「周公沒有以天下為自己好處的想法」的意思。就是一個例子。

陳垣——雲岡石窟寺之譯經與劉孝標

　　談到中國近代的史學大師，大家都會舉出王國維、陳寅
恪，也不會忘了錢穆，但與陳寅恪齊名，並譽為「史學二陳」
之一的陳垣援庵先生 (1880-1971)，就不太為人們記得。如果
說看了嚴耕望的《治史答問》，知道有「史學二陳」之說，但
因之而去讀援庵先生的著作，並從中得到讀史的好處，為數恐
怕不多，這是一般的情形。如果，我們追究一下大家不讀援庵
著作的原因，可以發現，他的書難讀，就好像王國維的著作很
難讀，所以現在讀的人已經很少了，這是其一。援庵先生晚
年，口頭上對馬克思史學的擁抱，以及對自己過去成就的否
定，讓人深感遺憾，這是其二。但是，儘管著作難讀，但援庵
先生在近代史學上的卓越成就，卻不容否認，其為近代史學大
師的地位，並未有所動搖。蕭啟慶教授撰〈推陳出新的史學家
陳垣〉一文（載《新史學》十六卷三期，2005 年 9 月），即做
一全面的介紹。蕭教授指出：「陳垣致力於中國傳統史學的現
代化，並運用現代化的考證史學方法，開闢宗教史、中外交通
史及元史等研究範疇，貢獻甚大。」對於這樣一位近代史學大
師，我們應該有一點認識，最好的方法，就是直接讀一點他的
作品，當然我們知道不容易，內容與文字都有一定的難度，我
們卻相信，閱讀這樣的論述，可以見識到「大家」的「手筆」，
必然有助於對歷史學的認識。

　　雲岡石窟寺之創築者為沙門曇曜。曇曜不獨為石窟寺開山的創始者，亦為石窟寺譯經的創始者。曇曜《續高僧傳》有傳，他所譯者為：《大吉義神咒經》二卷；《淨度三昧經》一卷；《付法藏傳》四卷。《大吉義神咒經》，至今猶存。惟《淨度三昧經》及《付法藏傳》至七百三十年智昇撰《開元釋教錄》時，已稱闕本。《付法藏傳》今亦不存；今所存者，為《付法藏因緣傳》六卷，亦雲岡石窟寺沙門吉迦夜所譯。吉迦夜當時係以曇曜所譯本為底本，而從新改譯，又在目上加「因緣」二字也。自吉迦夜譯本行，而曇曜譯本遂廢。以今存曇曜譯《大吉義神咒經》推之，曇曜所譯，較為樸儉，不如吉迦夜譯之文采，亦未可知。此與筆受人極有關，吉迦夜譯筆受人為劉孝標，孝標固南朝著名文學家也。

　　凡曾讀過《文選》中〈廣絕交論〉及〈辨命論〉的，沒有不知道劉孝標。劉孝標名峻，以字孝標行，平原人。《梁書》、《南史》皆有傳。他既是南朝人，如何會在北魏都城外雲岡石窟寺作譯經事業，此事說來極有趣，從前人多未注意。

　　我們若是單據《梁書》，不見得孝標曾作和尚。《梁書》本傳卷五十說：「峻生期月，母攜還鄉里。宋泰始初，青州陷魏，峻年八歲，為人所略，至中山。中山富人劉實（《南史》作劉實）愍峻，以束帛贖之，教以書學。魏人聞其江南有戚屬，更徙之桑乾。峻好學家貧，寄人廡下，自課讀書，常燃麻炬，終夜不寐。齊永明中，從桑乾得還。」所謂宋泰始初者，泰始五年（四六九）也。泰始五年，為魏皇興三年。《魏書·獻文紀》：皇興三年「五月，徙青州民於京師」，峻之被徙，當在此時。但《南史》（卷四九）〈峻傳〉敘此事尤詳。《南史》稱：

峻本名法武，父卒，其母許氏，攜峻及其兄法鳳還鄉里。兄名法鳳，則峻本名法虎，《南史》避唐諱，改虎為武也。《南史》又稱：峻徙代都，「居貧不自立，與母並出家為尼僧，既而還俗。」是峻曾出家為僧，與吉迦夜譯經，當在此時。惟《開元釋教錄》說吉迦夜譯經在延興二年（四七二），以泰始五年八月推之，延興二年，峻方十一歲，文學未必甚優。但吉迦夜譯經多種，未必一時譯成。峻之逃奔江南，《梁書》、《南史》均謂在齊永明中。據《文選·重答秫陵沼書》，李善注引峻自序，峻之逃還江南，實在齊永明四年（四八六）二月，斯時峻已二十五歲矣。八歲被略，至二十五歲，在魏凡十八年。此十八年中，正峻在魏都（今大同）讀書及譯經時也。《南史》又稱峻奔江南後，始「改名峻，字孝標」。其在魏時，名並不顯。但今《開元釋教錄》稱孝標不稱法武，蓋根據《大唐內典錄》，《大唐內典錄》蓋根據道慧《宋齊錄》。其所以稱孝標不稱法武者，蓋從孝標改名以後追稱之也。

　　孝標逃還江南後，有兩大著述：其一為《世說新語注》，引書一百六十餘種，至今士林傳誦。其一為《類苑》，一百二十卷，隋唐三志皆著錄。南宋末陳氏撰《書錄解題》時，始說不存。以今日觀之，孝標之注《世說》及撰《類苑》，均受其在雲岡石窟寺時所譯《雜寶藏經》之影響。印度人說經，喜引典故，南北朝人為文，亦喜引典故。《雜寶藏經》載印度故事，《世說》及《類苑》載中國故事。當時談佛教故事者，多取材於《雜寶藏經》，談中國故事者，多取材於《世說新語注》及《類苑》，實一時風尚。《南史》稱：梁武帝每集文士，策經史事，加其賞賚。曾策「錦被」事，咸言已罄。帝試呼問峻；峻

請紙筆，疏十餘事，坐客皆驚。及峻《類苑》成，帝即命諸學士撰《華林遍略》以高之。其博洽見忌如此。其根底全植於雲岡石窟寺為沙門時也。

或疑孝標在魏都，雖有十八年，然魏都文化並不高，孝標雖勤，何從得書。不知魏時文化雖甚鄙野，然孝標被略至魏，正魏孝文振興文教之時，中原圖籍，必漸搜集，雲岡石窟寺新建，梵漢經典，正好貯藏。以今吉伽夜與孝標所譯諸經無一不存之例例之，則古剎保存經籍之功實大。

雲岡石窟寺今雖荒僻，然鐵路未通時，其荒僻較今日何止十倍。故雲岡雖有冠絕一時之雕刻，然見於文人題詠者絕少：《全唐詩》中，僅有宋昱一詩（第二函第七冊）。直到明萬曆末年（一六二零），始有吳伯與一詩，今刻石窟寺西階下。又到清朝，然後有朱彝尊、曹溶、胡天游等，或因游官，或因游幕，偶然至此題詠。胡天游詩有「野客定難攜屐到，山禽猶自戀人啼」之句（見道光《大同縣志》二十），其荒涼景況如此，想不到北魏在恒安建都時，雲岡之熱鬧又如彼也。然則文人之到雲岡者，實以劉孝標為第一人，注《水經》之酈道元當為第二人，其著作皆有名於世。可惜《雜寶藏經》能因佛藏而存，而《類苑》不能借佛藏而存也。

孝標之卒，據《南史》在梁普通三年（五二二），年六十。（參見《援庵史學論著選》，木鐸出版社，1982 年，頁 261–265）

這篇文字錄自〈雲岡石窟寺之譯經與劉孝標〉一文（原載《燕京學報》第六期），該文原本不長，這裡所錄幾乎已是原

文的大部分。我們在讀它的時候，應該注意到的是撰者的一句話：「此事說來極有趣，從前人多未注意」。這時，我們要問：「極有趣」的事，指何而言？何以前人多未注意？從這裡出發，試著進入援庵先生心中，看看他所說的有趣之事，究竟為何。我覺得撰者看到劉孝標走過這麼多的地方，是有趣的事。孝標從平原（今山東省茌平附近）到中山（今河北省定州市），從中山到桑乾，即代都（今山西省大同），再從北方逃奔江南，他在二十五歲之前，到過這些地方，而且是長途跋涉，必然十分艱苦。劉孝標的名字，也是有趣的事，他原名法虎，因避唐諱（李淵祖上發跡者名李虎），改為法武，但此名何以不顯，可以作一解釋。劉孝標的成學，更是有趣的事，他寄人廡下，自課讀書，固然動人；但真正學問精進，緣於他出家為僧；當然這也與佛寺之中，各種經典圖籍收藏甚豐有關。而劉孝標學問之特色，在於所知極為博洽，所以能夠為《世說新語》作注，而此種為學之態度與方法，亦明顯受佛教影響，此亦為有趣的事。而唐宋以降，以迄民國，雲岡石窟寺附近之地，荒僻已甚；但在北魏之時，卻屬文教發達之熱鬧地區，今昔對比，判若雲泥，亦不可謂非有趣的事。這些有趣的事，正可以勾勒出一幅動人的圖畫，也可以譜寫出一首動人的詩歌，還可以描述出一篇動人的歷史。我覺得陳垣援庵先生的這篇文章確實將這些有趣而又動人的地方，建構成一篇成功的歷史敘事：資料出處交待得清清楚楚，各種論證有憑有據，確實是建構在堅厚基礎上的解釋與闡述；就是感情的流露，也是深沉含蓄，恰到好處。這些都可以說是歷史家的「大手筆」，不是大歷史家，是做不到的。至於，何以前人多未注意？或許在於閱讀之時，

想像力不如援庵先生之豐富，對劉孝標及其時代之體會不如援庵先生之深刻，同樣的資料，難以讀出其有趣動人的所在，也就很難連綴建構起一篇漂亮的歷史敘事了。

　　劉孝標的《世說新語注》，與本文提及的酈道元的《水經注》、李善的《文選注》，以及本文未提到的裴松之的《三國志注》，後人稱之為「四大名『注』」。

徐炳昶——深遠的思考與嚴謹的考訂

學習歷史，應該對歷史學者的工作感到興趣，知道一些他們是怎麼走上歷史這條路，最初受到哪些啟發或影響，也是很有意思的事。

現代歷史學者的養成，大部分在大學歷史系中修習系統的課程，為此後的學術工作奠定基礎。但我們還是可以看到許多十分傑出的歷史學者，從未進入過大學歷史系，卻也有相當了不起的成就，讓人欽佩。我們相信，其間一定有一些關鍵的因素，起了重要的引導作用。如果，他們把這方面的經驗寫了出來，必定十分精彩，亦有仔細一讀的價值。

徐炳昶（旭生）先生 (1888–1976) 留學法國，研習哲學。民國 10 年，他在北京大學教哲學，對當時的古史討論頗感興趣，細讀顧頡剛的「層累造成古史說」，深不以為然，但未參加討論。民國 21 年，他到北平研究院史學研究會工作，著重於研究歷史。民國 28 年，來到昆明附近的黑龍潭，該地風景優美，遠離塵囂，是讀書的理想環境。他決定將我國古史上的傳說材料加以整理，方法主要是把古書上所載關於夏商兩代及兩代以前的材料全摘錄出來，再加以比較。比較的結果，得出以下的看法：「我國古代的民族的分野略可分為炎黃、風偃、苗蠻的三集團。再仔細分析，也未嘗不可以分為六部分。因為西北方的炎黃集團本分黃帝炎帝兩支：黃帝居北，炎帝居南。近東方的，又有混合炎黃集團風偃集團文化，自成單位的顓頊

氏、有虞氏、商人。接近南方的，又有出自北方，與南方發生很深關係的祝融八姓。雖然如此，這三部分乃由原來三集團中細分，不能同原來的三集團平列。以後相遇、爭鬥、合併、同化，才漸漸變成惟一的中華民族。」這樣對傳說資料的解讀，非但與顧頡剛「時代愈後，傳說中的古史愈長，傳說中的中心人物愈放愈大。」的說法截然不同，也提出了一個足以取代《史記》傳統說法和顧頡剛新說法的嶄新解釋，而這個解釋已為歷史學界普遍接受，例如多年前大陸人民教育出版社編寫的初中一年級歷史課本，就有這樣的一段課文：「傳說中，黃帝原是黃河流域一個部落聯盟的領袖，生活在大約四千年以前。他提倡種植五穀，馴養牲畜，促使這個部落聯盟逐步強大。後來，黃帝部落和西方炎帝部落聯合，打敗了南方的蚩尤部落。黃帝和炎帝兩個部落聯盟合在一起，經過長期發展，形成了以後的華夏族。」基本採用徐先生的觀點，就是一個有力的證明。徐先生沒讀過大學歷史系，他是怎樣在年幼時受到啟發，其後終於走上歷史研究這條道路？請看他自己怎麼說：

　　我個人自從很幼年的時候，就對於歷史上的事實發生很濃厚的興趣。現在回想起來：我在十一二歲時就抱著兩部首尾不很完全的《通鑑綱目》和《續綱目》，廢寢忘食地閱讀，就覺得非常地可笑。但就此一點也可以證明我對於歷史的興趣，發生得相當地早。此後遇著歷史一類的書總是很高興地閱讀。當十五六歲的時候，積的知識也頗有一些，就亂七八糟的胡發議論。這時候，正當前清光緒庚子辛丑以後，國家取士初變八股為策論，我因為對史事略有所知，雖說年幼信筆塗抹，卻也尚

不後人；自己已經頗滿足，以為很了不起了。不久因為預備科舉，就偶然買到坊間印行的王船山《讀通鑑論》及《宋論》。開始閱讀的時候，僅感覺到他篇篇的議論全同我原有的意見不相同。起初不過以為他老先生好作翻案文章而已。及至常看並加思想以後，才知道他並不是好作翻案，他的思想比我們尋常人的思想實在深遠的多；我們想再翻他的案也非常地不容易。這才開始感覺到對於古人非在讀破萬卷並加深思以後，實在不應該粗心浮氣，亂發議論！民國成立以後，我又到法國留學。當民國四年，我才讀到法儒 Langlois 和 Seignobos 合著的《史業導言》(*Introduction al' etudehistorique*) 及其他歷史方法論的書，才曉得對於史料必須要用種種的方法，慎重批評和處理才可以達到科學的歷史 (I' histoirecientifique) 的目的。在此以前，我覺得我對於歷史的事實知道的頗多；自此以後，我才感覺到毫無所知！因為這些全未經批評的史實，尚未足以言歷史知識也。我今日對於各家的歷史，歷史方法及歷史思想的著作雖然也讀過一些，但是對於我個人影響之大，再沒有超過於《讀通鑑論》、《宋論》、《史業導言》以上者，所以在這裡附帶著說一說。

徐先生的這段文字中，最重要的話語，應是「他（王船山）的思想比我們尋常人的思想實在深遠的多；我們想再翻他的案也非常地不容易。這才開始感覺到對於古人非在讀破萬卷並加深思以後，實在不應該粗心浮氣，亂發議論！」以及「曉得對於史料必須要用種種的方法，慎重批評和處理才可以達到科學的歷史的目的。」這些話語，讓我們知道，學習歷史「深

思」非常重要。如果有人問我們：「歷史是一門怎樣的學問？是以記憶為主，還是以思考為主？」我們憑直覺知道不應該答「記憶」，但要我們答「思考」，就要想到為什麼是思考，或者思考些什麼了。這段文字，徐先生告訴我們讀歷史書的時候，我們不能只是記得作者所寫的內容，更重要的是作者究竟要表達什麼意思，以及他的表達方法如何。如果讀到屬於史料的文字，更是要小心謹慎，不能輕易相信，而是對這些史料是否可信，需要下些功夫，詳加比較，多方查驗。

　　徐先生的這段文字見於《中國古史的傳說時代》的「敘言」，寫於抗日戰爭期間，載於臺北地平線出版社，1978 年臺初版，第 1 頁至第 2 頁，也就是「敘言」開頭的第一段話。這段話已不見於廣西師範大學出版的該書修訂版 (2003)，更是彌足珍貴。

　　錢穆先生在其自傳體的回憶錄《八十憶雙親‧師友雜憶合刊》（臺北：東大圖書公司，2009 年）中，述及抗戰期間與徐先生的一段交誼，也談到了王船山的《讀通鑑論》，記於下：

　　教育部為避空襲，遷青木關。此次開會，討論有關歷史教學問題。徐炳昶旭生亦自昆明來預會。旭生曾從法國漢學家斯本赫定考察新疆後，為中法研究所所長。余在北平屢與謀面，但未深交。會既畢，余因出席中學教師暑期講習會，仍留青木關。旭生方讀余《國史大綱》，欲相討論，亦不離去，還來與余同室。上午余去上課，旭生留室中讀余《史綱》。午後，因夏日西曬，室中不能留，小睡起，即離室去至郊外，擇村間一茶座，坐樹蔭下對談，至晚方歸。如是以為常。余在講習會有

課一星期，余與旭生作半日討論者，亦一星期。旭生讀余書既完，討論亦粗完。

一日，旭生忽背誦王船山《讀通鑑論》一段，首尾逾百字，琅琅上口。余大驚訝，曰，此來，君未携一書，何從借閱，又背誦如滾瓜之爛熟乎。旭生笑曰，此乃我在出國留學前，幼年熟誦，今追憶及之耳。旭生年長於余，早年留學。至是，不禁大加佩服。曰，不意君於數十年前所讀書，猶能隨口背誦。今日一大學生，能繙閱及此等書，已是一大異事。則無怪吾輩兩人，此番所討論，已成為畢生難遇之奇緣矣。（頁272–273）

抗戰期間，前線寸土必爭，軍情緊張，政府必須全力支援；而照顧百姓，安定社會，工作更是千頭萬緒，繁雜無比。此時，教育部尚且不忘歷史教育的重要，敦請著名學者開會研商之外，並舉辦中學教師講習會，以增強教師的學識能力，真可說是國難當頭，仍然絃歌不輟。今天，安定富裕了數十年，朝野都已慣於安逸，教育部似乎不再重視歷史科的教學問題，已經很久很久不曾召開有關的會議。老師們則已習慣以升學為導向的教學模式，鮮少受到激勵，年復一年，就到了退休年齡。試問：這樣教育下的青年學生，他們的能力能得到充分的開展嗎？他們在未來的全球競爭中，可以超越可怕的對手嗎？

能力來自閱讀，尤其研讀具有一定難度的書籍。再說，閱讀需趁早，越早養成閱讀習慣，就能大量閱讀有深度的書籍，能力於無形中得到提升。一個洋溢閱讀風氣的社會，必然存在著許多知識上的討論空間，村間的小茶座，城市的咖啡館，更

不要說是學校的教室、講堂，校園的餐廳、草地，在在都能激發出智慧的火花，使這個社會的文化更加絢爛。

如果，今天的年輕人已經不再願意面對書本中的文字，而是整日面對電視、電腦，甚至手機中的圖像，情況會是怎樣呢？一本 1985 年的老書，個人認為至今值得一讀的，也許您也可以找來看看：波茲曼 (Neil Postman) 的《娛樂至死——追求表象、歡樂和激情的電視時代》(*Amusing Ourselves to Death: Public Discourse in the Age of Show Business*)（貓頭鷹出版社，2007 年）。

導 讀 13

陳寅恪——唐太宗與魏徵，君臣之際顧難言哉

陳寅恪 (1890–1969) 大概是近代中國史家中學術名聲最為響亮的一位。余英時先生說:「陳寅恪先生是本世紀中國最重要的史學家之一，這是五六十年來學術界所公認的。自從他1925 年應聘為清華國學研究院導師以來，他的天才和博學便不斷地在學術界傳播了開來，使他早在中年時代已成為一個傳奇性的人物。」余英時又說，陳寅恪是一位道地的學院型人物，他的學術權威是建立在「四大支柱」之上。而這所謂的「四大支柱」，余先生指的是:一、博通多種古典語文如希臘、拉丁、梵文、巴利文以及其他中亞和中國邊疆文字;二、他對西方古典文化的親切了解;三、他所掌握到的與史學有關的輔助學科遠比同時一般的史學家為豐富;四、最使學術界心折的自然還是他在中國文獻資料的掌握方面所達到的驚人的廣度和高度。（見余著，〈陳寅恪的學術精神和晚年心境〉，載《陳寅恪晚年詩文釋證》，臺北:東大圖書公司，2011 年）也就是說，陳寅恪是一位能夠博通多種古典語文，親切了解西方古典文化，掌握多種輔助學科，加上對中國文獻的熟悉既深又廣的歷史學家。我們可以說，陳寅恪的天才與博學，只能用「驚人」兩字來形容，想一想這四大支柱的任何一條，對任何一位歷史工作者來說，都是至為不易的事，陳寅恪同時兼有四者，真是太了不起了。

陳寅恪真的很了不起。您可以看到，他把問題談得很深，

他是不談史書中呈現的表面現象，而是談這樣的現象是怎麼會
出現的；您再可以看到，他是如何運用最基本的資料，經過嚴
謹的論證，作為他所提出的重要概念的有力佐證；您又可以看
到，他提出來的這些原因的解釋，往往是最能反映時代特色的
重要概念，而且是用一種結構或模式來呈現；您還可以看到，
他是怎樣進入到人們的心中，有憑有據地展現出人物內心的幽
微。您不信嗎？請您一讀下列有關唐太宗與魏徵的論述：

　　古今論唐史者往往稱道太宗、魏徵君臣遭遇之盛事，而深
惜其恩禮之不終，以為此僅個人間之關係，實不足說明當時政
治社會之情況及太宗所以任用魏徵之用心也。今試發其覆，以
供讀史者參考。
　　《舊唐書·魏徵傳》雖稱徵是鉅鹿曲陽人，《北史》徵父
〈長賢傳〉亦言其為魏收之族叔，就表面論，似徵為山東之高
門，此不過南北朝隋唐時代矜誇郡望之風習耳。然據《元和郡
縣圖志》載魏收墓在恒州鼓城縣，且言「後魏、北齊貴族諸魏
皆此邑人也。所云鉅鹿曲陽人者是也。」但同書載魏長賢墓在
澶州臨黃縣，《新書·宰相世系表》以徵為館陶魏氏，高達夫
詩又謂魏郡北有徵舊館，則是徵父墳墓及己身所居皆與魏收葬
地並不相近，新表之言甚得其實。依此推論，則徵家不可視為
後魏、北齊貴族諸魏之盛門，可以無疑也。明乎此，則太宗所
以任用徵之故始可了解。太宗雖痛惡山東貴族（見《唐會要》
叁陸〈氏族門〉及《新唐書》玖伍〈高儉傳〉等），而特重用
徵者，正以其非山東盛門，而為山東武裝農民集團即所謂山東
豪傑之聯絡人耳。在太宗心目中，徵既非山東貴族，又非山東

武人，其責任僅在接洽山東豪傑監視山東貴族及關隴集團，以
供分合操縱諸政治社會勢力之妙用。苟徵之行動踰越此種賦與
之限度，則必啟太宗之疑忌，自不待言也。史言徵薦杜正倫為
相，而正倫者出自山東之盛門，則徵監視山東貴族之作用消
失，轉有連合山東社會文武兩大勢力之嫌疑。侯君集者，兩
《唐書》本傳雖不詳載其家世，只言其為武人，然《周書》貳
玖《北史》陸陸俱有君集祖〈植傳〉，又《新唐書》柒貳中〈宰
相世系表〉「侯氏」條亦載其祖植為周驃騎大將軍肥城節公，
與《周書》、《北史》相同。後來出土之侯植墓誌稱植曾賜姓賀
屯氏（參陸增祥《八瓊室金石補正》貳叄及李宗蓮《懷瑤精舍
金石跋尾》等），復與《周書》、《北史》所載符合。是君集與
太宗俱屬六鎮胡漢關隴集團，史言其才備將相自非偶然，徵竟
與之相通，則是總合當日東西文武三大社會勢力，而己身為其
樞紐，此為太宗所甚不能容忍者，幸其事發覺於徵已死之後，
否則必與張亮、侯君集同受誅戮，停婚仆碑（見《新唐書・魏
徵傳》）猶是薄懲也。觀徵自請招撫山東，發一書而降徐世勣，
先勸建成討平劉黑闥，因於其地深自封植，建成果從其策。及
建成不幸失敗，又自請於太宗，親往河北安喻其徒黨，能發
之，復能收之，誠不世出之才士。故建成用之以籠絡河北英
俊，太宗亦用之以招撫山東豪傑，其個人本身之特點固不應抹
煞，但如歷來史家論徵之事功，頗忽視社會集體之關係，則與
當時史實不能通解，故略辨之如此。至若徵自錄前後諫諍言辭
往復，以示史官褚遂良，太宗知之不悅者，蓋太宗沽名，徵又
賣直，致斯結果，本無可怪，然其事僅關係個人，殊微末不足
道矣。

（參見〈論隋末唐初所謂「山東豪傑」〉，《金明館叢稿初編》，
里仁書局，1981 年，頁 227～229）

　　說到唐太宗與魏徵，我們常會想到那是君臣關係的典範，
臣子盡諫諍之責，君主有納諫之量，君臣之間互相敬重，真是
歷史上的美談。我們又會想到，魏徵死後，唐太宗說的那句有
名的話：「以銅為鑑，可正衣冠；以古為鑑，可知興替；以人
為鑑，可明得失。」真是佳人佳話，永為後世稱羨。但是，這
些都是見於歷史記載的表面現象。這些現象並不是假的，也不
是後人捏造的；只是人世間的情況十分複雜，十分微妙，唐太
宗與魏徵兩人之間的關係，不是這樣簡單的幾句話所能涵括殆
盡。

　　唐太宗與魏徵之間，究竟呈現怎樣的複雜而又微妙的關
係？我們要從史書的記載去做深入的探討，要想辦法把兩人之
間的關係梳理清楚，作出表述。就讓我們看看陳寅恪是怎樣做
的。

　　陳先生首先要說明的是魏徵究竟屬於哪一個集團？也就是
為魏徵做定位的工作。魏徵是山東人，但是歸於「山東貴族」？
還是「山東豪傑」？這是一個最基本的問題，也是一個最關鍵
的問題。如果魏徵是山東貴族，陳先生的文章就寫不下去了，
而正史中的有些記載，魏徵與北魏高門魏收同族，正是山東貴
族，那怎麼辦呢？只有一個方法，那就是證明這樣的記載是不
正確的，是後人「矜誇郡望之風習」所致，不是原先的籍貫所
在。陳先生的做法是提出有力的證據，指出魏徵之父的基地與
他自己的居地，證明與魏收等昔日魏氏高門的地望不符。因之

可以斷定魏徵不是屬於「山東貴族」，而是「山東豪傑」。這是一段小小的考證，我們細讀這段文字，可以讓我們對於「考證」是怎麼一回事，有了一點初步的了解。同樣的方法，陳先生也用於對侯君集出身的考訂上，將侯君集定位於「六鎮關隴胡漢集團」。當然，這個考證對於陳先生的立論，也是至關重要的。

　　陳先生的立論為何，你讀過之後，一定可以清楚說出，這裡不必再談。可以一說的是，陳先生所說「停婚仆碑猶是薄懲」指何而言？我們看看《新唐書・魏徵傳》是怎麼說的：「徵嘗薦杜正倫、侯君集才任宰相，及正倫以罪黜，君集坐逆誅，讒人遂指為阿黨；又言徵嘗錄前後諫爭語，示史官褚遂良。帝滋不悅，乃停叔玉（徵長子，娶公主）昏，而仆所為碑（徵死，太宗為他作碑），顧其家衰矣。」在同書〈魏徵傳〉最後的「論贊」，還有這麼幾句話：「君臣之際，顧不難哉！以徵之忠，而太宗之睿，身歿未幾，猜譖遽行。」從這些記載中可以看到，後世史家認為唐太宗對魏徵的不滿，不是只有一點點而已。

　　陳先生怎麼談唐太宗與魏徵的關係？他不寫人人知道的表面現象，而是作深入的探究。他提出「山東貴族」、「山東豪傑」與「六鎮關隴集團」這幾個重要的概念，說明許多表面現象都是來自這幾個集團間的互相作用。陳先生非常重視這些概念，他強調：「忽視社會集團之關係，則與當時史實不能通解」。他又運用資料，作為證據，考訂重要人物的地望，決定他們的出身，即可運用在這些概念之中。最後可以一說的是，陳先生對於唐太宗的心理，特別是對魏徵的態度，作了一些探

討，也對「停婚仆碑」之事，有所交待。

　　在這裡我們沒有看到陳先生博通的多種外國語文、了解的西方古典文化、掌握的許多輔助學科；我們看到的只是陳先生對於傳統典籍的熟悉，以及思辨的精細與理解的深刻。這些，就足以讓我們對陳先生的功力欽佩不已了。不是嗎？

郭沫若 —— 關於卜辭

郭沫若 (1892–1978)，這個名字很有些爭議，佩服他的人固有，不喜歡他的人也不少。郭沫若，聰明絕頂，才華洋溢，無人能夠否認；他在文學和歷史方面，不論是創作還是研究，成果豐碩，大家也只有嘆服的份。為什麼不喜歡他呢？大概這與他在共產政權下的表現有關，我們身處海峽的另一邊，許多事情資訊有限，弄不清楚，也只能姑妄聽之，不宜置喙。

我知道有人不喜歡他，我還是喜歡讀他的作品，主要原因是他真會寫，文章真好。讀好文章是一件愉悅的事，郭沫若為我們提供了不少愉悅的閱讀經驗，這是不能否認的。當然，文章好絕不只是文字寫得漂亮，如果內容淺俗，用字再講究，詞藻再華麗，也不會成為好文章。

我們選了好幾篇談到殷墟的文章片斷，我們看到了王國維、羅振玉、李濟在這方面的貢獻；郭沫若，這位甲骨學四堂之一的學者（按：羅振玉號雪堂、王國維號觀堂、郭沫若號鼎堂以及董作賓號彥堂），如何來看殷墟與甲骨學的發展？讓我們來讀一段他的敘述。這段文字取自郭先生 1944 年寫的一篇「名文」：〈古代研究的自我批判〉。蘭州大學出版的《中國古代史卷》(2000)，是一本現代歷史學者的文選，介紹這篇文章是：「二十世紀中國史學發展中一篇具有重要意義的著作」。該文分為八節，分別是：一、古代研究上的資料問題；二、論所謂「封建」制；三、關於井田制；四、施行井田的用意；五、

申述人民身分的演變；六、井田制是怎樣破壞了的；七、工商是怎樣分化出來的；八、奴隸就這樣得到解放。下面所選的文字，是第一節的第二小節。

關於卜辭的處理

靠著殷墟的發現，我們得到一大批研究殷代的第一手資料，是我們現代考古者的最幸福的一件事。就靠著這一發現，中國古代的真面目才強半表露了出來。以前由後世史家所累積構成的三皇五帝的古史系統已被證明全屬子虛，即是夏代的有無，在卜辭中也還沒有找到直接的證據。但至少殷代的存在是確實被保證著了。

卜辭的研究要感謝王國維，是他首先由卜辭中把殷代的先公先王剔發了出來，使《史記‧殷本紀》和《帝王世紀》等書所傳的殷代王統得到了物證，並且改正了它們的訛傳。如上甲之次為工乙、工丙、工丁，而非報丁、報乙、報丙，主壬、主癸本作示壬、示癸，中宗乃祖乙而非大戊，庚丁乃康丁之訛，大丁以文丁為是，均抉發了三千年來所久被埋沒的祕密。我們要說殷墟的發現是新史學的開端，王國維的業績是新史學的開山，那樣評價是不算過分的。

王國維死後，殷墟的科學發掘使卜辭研究進到斷代研究的一步。卜辭是由武丁至殷末的遺物，綿延二百年左右，先年只能渾沌地知其為殷，近年我們可以知道每一辭或每一片甲骨是屬於那一王的絕對年代了。這樣便更增進了卜辭的史料價值，在卜辭本身中我們也可以看出發展了。

我自己在這一方面也盡了一些綿力，如王國維發現「先妣

特祭」之例，足證殷代王室還相當重視母權。但我繼進又發現了所特祭的先妣是有父子相承的血統關係的。便是直系諸王的配偶雖被特祭，而兄終弟及的旁系諸王的配偶則不見祀典。這又證明立長立嫡之制在殷代已有它的根蒂。

以上可以說是幾項重要的發現。卜辭的研究雖然由王國維開其端，但嗣後的成績卻比王氏更大大的進步了。

王氏在卜辭研究之餘有〈殷周制度論〉之作，認為「中國政治與文化之變革莫劇於殷、周之際」，這是一篇轟動了全學界的大論文，新舊史家至今都一樣地奉以為圭臬。在新史學方面，把王氏的論文特別強調了的，首先是我。我把它的範圍更擴大了，從社會發展方面來看，我認為殷代是原始公社的末期，周代是奴隸社會的開始。這一擴大又引起了別一種的見解，認為殷代是奴隸社會的末期，周代是封建社會的開始。這見解到現在都還在相持，但其實都是由於演繹的錯誤。

我自己要承認我的冒昧，一開始便把路引錯了。第一我們要知道，〈殷周制度論〉的價值已經不能夠被這樣過高估計了。王氏所據的史料，屬於殷代的雖然有新的發現而並未到家，而關於周代的看法則完全是根據「周公制作之本意」的那種舊式的觀念。這樣，在基本上便是大有問題的。周公制禮作樂的說法，強半是東周儒者的托古改制，這在目前早已成為定論了。以這樣從基本上便錯誤了的論文，而我們根據它，至少我們可以說把歷史中飽了五百年，這是應該嚴密清算的。

卜辭研究是新興的一種學問，它是時常在變遷著的。以前不認識的事物後來認識了，以前認錯了的後來改正了。我們要根據它作為社會史料，就應該采取「迎頭趕上」的辦法，把它

最前進的一線作為基點而再出發。目今有好些新史學家愛引用
卜辭，而卻沒有追蹤它的整個研究過程，故往往把錯誤了的仍
然沿用，或甚至援引用錯誤的舊說以攻擊改正的新說，那是絕
對得不到正確的結論的。

（參見《十批判書》，人民出版社，2012 年，頁 3–4）

　　這一段文字寫得很清楚，但並不是很好讀，不是因為作者
談的內容我們不熟悉；就是不熟悉，由於作者寫得清楚，我們
還是很容易看得懂。我認為不好讀的地方，在他的層次與意
涵。如果我們只看郭先生是如何的批評王國維，認為這段文字
的主旨不過是王國維的見解已經被後來的學者所否定，已經過
時了，那就沒有讀懂這段文字。

　　我們可以看到，這段文字的重點有三個方面。

　　首先、它講的是卜辭在歷史研究中的發展過程。作者先講
卜辭怎樣用於歷史理解，後來經過怎樣的轉變，出現不一樣的
見解，取代了早先的觀點。這一方面寫得很清楚，給讀者十分
明確的印象。

　　其次、郭先生肯定王國維的貢獻。他用「要感謝王國維」、
「王國維的業績是新史學的開山」這樣的話語，可以看出王國
維在他心目中地位之重要與成就之卓著。當然，郭先生也作了
相應的說明，指出何以王國維是可以受到如此的推崇。

　　第三、郭先生指出王國維的錯誤。郭先生說王國維的論
著，有些地方「不到家」，有些地方則是「基本上便錯誤了」，
因之，王國維的觀點已經落伍了，被取代了。

　　這三個重點都不難看出來，怎麼說不容易讀呢？沒錯，這

三個重點十分清楚，讀出來並不困難，但我認為還有三個他沒清楚說出來，卻也是很重要的地方，似乎也應該注意一下。

第一、郭先生說到他自己的成就，他沒有明說，而是在談王國維的時候「夾帶」進來。又是「繼進發現」，又是「首先強調」，王國維的貢獻愈大，他的成就也就愈高。最後，把王國維的論點否定了，新的觀點取代舊的，請問：新的論點是誰提出來的？不是郭沫若，還有何人？他的地位就更為重要而且崇高了。

第二、郭先生先肯定王國維，再加以否定，但請注意他的用辭。我們可以在他用的辭句中，揣摩王國維在他心中的地位。他用「這是一篇轟動了全學界的大論文」來形容〈殷周制度論〉這篇文章，這是非常推崇的話，比起「這是一篇深受學界矚目的論文」之類的語辭，要強烈得多。他說王國維「從基本上錯誤」，指王國維所相信的「周公制禮作樂的說法，強半是東周儒者的托古改制⋯⋯」，請注意「強半」二字，並不是全部啊！郭先生用這兩個字的時候，不是沒有若干保留的。

第三、郭先生說，新興的學問，是時常在變遷著的，這句話值得留意。他說：以前認錯了的，後來可以改正；其實也包含了今天認為是對的，以後也會發現錯了，也要改正的意思。所以，援引舊說以攻擊新說固然不對，但新說也只是一說，不久成了舊說，也會受到必然的攻擊。這就說明，學術研究，只是提出一種說法，是「時常變遷著的」。若問：有什麼是不變的？恐怕只有學者研究學問的態度和心意，是永久不變的。這也是為什麼我一直認為近百年來的大史學家，第一名非王國維莫屬。當然這是十分主觀的說法，大家姑且聽聽，不必當真。

　　郭沫若的學術研究，態度是認真的，不然不會有相當可觀的成就，但心意呢？似乎與王國維有些差異，這也是大家不喜歡他的主要原因吧！

　　附帶一提，郭先生談到了卜辭的「斷代研究」，說：「近年我們可以知道每一辭或每一片甲骨是屬於那一王的絕對年代」，這應該是卜辭研究中的一件大事。我們如何知道的？這是何人的重大研究業績，重大學術貢獻？郭先生沒有提及，這不能怪他，行文至此，不應該岔出去談另一個問題。但我們卻應該有所知悉，這位在甲骨斷代方面最有貢獻的學者是：董作賓，彥堂先生。

導讀 15

郭沫若 —— 文化起源與奴隸社會

◆文化起源

歷史是過去發生的事，但這些事都是經過歷史家的整理才成為系統的敘述，才為我們所知悉。不然的話，我們看見古人留下來的各種記錄，零零散散，瑣瑣碎碎，我們實在沒有辦法知道古代到底是什麼樣子。也就是說，我們知道的古代，是經過歷史學者研究整理過的，是他們對於留下資料的解釋，很難避免不受到他們主觀看法的影響。留下的資料裡，有著清楚的人名、時代，也有事情的枝節、思想的片斷，這些無疑都是真實的，但只有這些是無法構成完整的、深刻的敘述。惟有經過歷史學者爬梳整理，加入了歷史學者的個人解釋，我們看到的歷史才是首尾相連的，而且是具有意義的。所以有人說，知道歷史之前，應該先知道歷史學者，就是這個意思。這個觀念很重要，但一直未受到歷史課的強調，好像歷史是過去的事，我們知道很多過去的事，就是學習了歷史。另一方面，我們會覺得這個觀念很難、很複雜，我們聽不懂嗎？其實，只要稍微想一想，就可以想通，就可以理解這個重要的觀念。

歷史知識的基礎是什麼？我們大概都會毫不猶豫地說，是事實；事實是歷史知識的基礎，這是從十九世紀蘭克以來，深入人心的觀念。但今天已是二十一世紀了，十九世紀到今天，已經有一百多年了，有些觀念我們應否深信不疑，確實需要想一想。為什麼今天深思的學者已經不再堅信事實是歷史知識的

基礎，而是認為「解釋」才是歷史知識的基礎，這個轉變的過程如何？理據何在？這些問題，說來話長，這裡無法詳述。我只想舉出一本關於歷史教學的入門書，看看它是怎麼說的。英國歷史教學專家 Chris Husbands 所著 *What Is History Teaching?* (Open University Press, 1996)，即言：Interpretations constitute the basis for "historical knowledge"，可知今天歷史學者對解釋的重視，已經超過事實。回頭看看，幾十年前的歷史學者怎樣解釋一段歷史，也是很有趣味的事。

　　下面我們選兩段郭沫若的文字，讀讀這位著名的歷史學者的歷史書寫。第一段是關於文化起源，第二段是關於奴隸社會。都見於郭先生 1942 年所撰〈屈原研究〉中，我們先看他講到中國文化的起源與發展的一段話。

　　中國文化的濫觴，事實上是起於殷代。殷朝的人集居在黃河流域的中部，最早把這一帶地域開化了出來。周人代殷而起，殷人大部分被奴隸化了之後，但還有一部分和他的同盟被壓迫向東南移動，移到了淮河流域和長江流域，便是宋、徐、楚諸國。這些人「篳路藍縷，以處草莽，跋涉山林」，算又把這東南夷的舊居開拓了出來，把殷人所創生的文化移植到了南方。所以在周代數百年間，儘管南北敵對，各自發展，而在文化上依然是同母的兄弟。因為無論南北，都是殷人把它開化出來的。但是殷人的氣質和周人的頗有不同。殷人是比較愛好藝術的氏族。殷墟所發掘出的古物，無論是銅器、石器、骨器、白陶，乃至甲骨上所刻的文字，都富有藝術的風味。又因時代關係，殷人最崇信鬼神，故其文化色彩充分地帶著超現實的氣

韻。周人則是比較現實的氏族。他們是「敬鬼神而遠之」的。
他們繼承了殷人的文化，但加上了自己的現實主義的特徵，在
幾百年的陶冶中，於是在黃河流域又形成了一種比較質實的生
活習慣。南方的開化既較遲，而又是殷人的直系的文化傳統，
故爾南方的生活習慣較為原始，然亦較富於藝術味。這便是南
方的思想與詩和北方的思想與詩，在風格和內容上，何以頗為
懸異的緣故了。我曾做過這樣的比譬：殷人頗像雅典人，周人
頗像斯巴達人。我覺得這個比譬是相當恰當的。中國文化既然
導源於殷，在周代雖有南北之分，而自秦兼併六國以後，天下
一統，秦人是更質實的氏族，於是北方的現實主義的文化便統
一了全中國，殷楚人的那種生活情趣便漸漸被融化了。

（參見《歷史與人物》，中國人民大學出版社，2005 年，頁
78-79）

　　如果給國中生閱讀，先要解釋幾個詞語：「濫觴」是開始
的意思，也就是文章後面所說的「導源」；把中國文化的起源
說是出於商人（殷人），這是郭沫若的主張，當然不一定是「歷
史的事實」。「篳路藍縷」是形容在荒蠻中，辛苦開闢的意思；
殷人把文化帶到南方，這也是郭沫若的主張，同樣不一定就是
歷史事實。「雅典」是古代希臘的一個城邦，以個人自由、政
治民主著稱；「斯巴達」也是古代希臘的一個城邦，以集體管
理、嚴格訓練著稱。

　　郭沫若是何許人？這位人物不是一個普通的歷史學者，他
多才多藝，尤其是文學創作、翻譯等方面，有重大貢獻。在歷
史學方面，他的成就也很不凡，他（號鼎堂）在甲骨學方面與

羅振玉（號雪堂）、王國維（號觀堂）、董作賓（號彥堂）齊名，學界響為四堂之一。他在《歷史人物》一書寫的序，第一句話，便是：「我是有點歷史癖的人，但關於歷史的研究，秦以前的一段我比較用過一些苦功，秦以後的我就不敢誇口了。」郭先生在古史研究方面，著有《奴隸制時代》、《青銅時代》等書，在當時都是很有影響力的著作。郭先生還在政治上有其地位，他在中共建國後，擔任政務院副總理兼文化教育委員會主任、中國科學院院長等要職，是一位學、政兩棲的人物。

　　同學讀這段資料，可以考慮兩個問題：一、郭先生說，中國文化導源於殷代，其論證為何？二、郭先生說，南方的思想與詩和北方的思想與詩，在風格和內容上，何以頗為懸異？也就是何以如此不同的意思。兩道題目的答案，一是從發展上看，一是從比較上看，是很容易答的。

◈奴隸社會

　　中國古代有一個「奴隸社會」的階段嗎？這就是一個屬於解釋的問題。首先我們要弄清楚，什麼叫「奴隸社會」，它是馬克思使用的詞彙，意思是一個社會的主要生產者的身份是奴隸，它就是奴隸社會；不是說這個社會中有奴隸，它就是奴隸社會。在這樣的定義下，古代的希臘、羅馬都是奴隸社會，那麼中國古代呢？郭沫若認為中國古代有一個奴隸社會的階段，儘管許多人不同意，但我們還是可以看看他是怎麼說的。

　　中國的古代，在殷以前大抵是氏族社會──我說是大抵，因為對於這一個時代我們只是出於推測，並沒有充分的實證。

殷周時代確實是奴隸社會——我說是確實，因為在這個時代我
們得到的確證很多，是不會成為問題的。雖然現在也還有人在
說周朝是「大封建時期」，或者又有人在說「中國沒有奴隸制
度」，或「奴隸制度未完成即已蛻變」，但這些說法，我覺得，
都是由於認識不足，研究還沒有到家。假使大家再充分地搜集
些材料，把認識充足起來，我相信在不幾年之內是會改變的，
只要是真正地抱著歷史唯物主義，而沒有成見的人。

　為什麼說殷周是奴隸社會？因為當時是在用大規模的奴隸
來從事生產。關於生產奴隸的有無這一點，近來也還是有人認
為尚未論定。我們做學問，每每不從本質上用功夫。譬如說
「封建」吧，首先就把那一套「封諸侯，建同姓」的舊觀念在
那兒盤旋。古時是說夏、殷、周三代為封建期，現在讓一點
價，把夏、殷趕出去，把周代保留起來，即作為「封諸侯、建
同姓」的「大封建時期」。我們就不問，究竟我們現在所說的
封建制的本質是怎樣，周朝的生產方式又是怎樣。又譬如說
「奴隸」吧，便只在奴隸字面的文字上去找奴隸社會，把《說
文解字》乃至《康熙字典》翻遍，所能找到的臣妾童奚奴婢以
至隸僕臺輿等等，找來找去都只是一些從事服御的家內奴隸。
做了這一段功夫的人，認為中國古代是只有家內奴隸，沒有生
產奴隸，所以他們會說中國沒有奴隸制或奴隸制未完成便起了
蛻變。然而他們卻沒有想到中國古代的生產奴隸並沒有用臣妾
奴婢隸僕臺輿等字面，而是稱為人、庶人、小人、民、庶民、
黎民、黎、群黎、甿、人甿、民儀、民獻等等的。生產奴隸一
解放了，這人民黎庶等字樣跟著起了蛻變，失掉了奴隸的含
義。要研究中國古代而不注重在這一層，不注重生產者的性

格，而只是在文字字面上探求，那是永遠找不出生產奴隸來的，同時也是永遠闡明不出中國古代社會的面目的。

我說中國古代的生產奴隸就是人民，早在十三四年前。因為在西周時代的資料特別多，足以證明西周的人民就是生產奴隸，故我堅決地斷定西周是奴隸社會。殷代我沒有得到多少直接的證據，故我起初多少還有點游移。西周以後呢？便已經在開始蛻變，故我把春秋、戰國時代認為過渡。許多反對我乃至痛罵我的人（在研究文字中動輒愛罵人是浪漫、狂妄，或甚於此的話，十幾年來我領教了不少），硬要說西周不是奴隸社會，而都不大注重人民就是奴隸這一點，實在是一件驚人的事。驚人的，是我感嘆著，文字這項符籙束縛著思考力的權能竟會有這麼偉大！我現在要懇切地請求大家把這個論點注意一下，如說這個論斷不可靠，那就請提出反證來。

殷周時代的人民地位是在家內奴隸之下，是人中的最下等。例如《左傳》昭公七年楚國的芋尹無宇說的「人有十等，……故王臣公，公臣大夫，大夫臣士，士臣皁，皁臣輿，輿臣隸，隸臣僚，僚臣僕，僕臣臺。馬有圉，牛有牧。」從事牧畜生產的圉牧是在十等人之外，而還沒有提到從事農耕的庶人，這種人當然也是在十等人之外的。又例如康王二十三年的《大盂鼎銘》裡面有這樣的話：「錫汝邦司四伯，人鬲自馭至於庶人六百又五十又九夫。錫夷司王臣十又三伯，人鬲千又五十夫。」這些臣人是和衣履車馬一道錫予的，所謂「邦司」就是管家，所謂「夷司王臣」也就是管理夷僕的王家管事，這些都是管家娃子，故被錫予而位在「人鬲」之上。「人鬲」究竟是什麼？好在他的內含已經明白表示著是「自馭至於庶人」的。

馭不用說就是十等人中的輿，而庶人在此是居於最下等。（頁59-60）

　　郭先生先講了人們不贊成中國古代有「奴隸社會」的理由，再對這樣的說法提出反駁，後來又提出證據論證自己的主張，這段論述就是一段有關歷史方法的絕佳說明。我們讀這段論述，重點不應放在最後的結論，而是要注意撰者論證的過程。

　　郭先生眼中，反對「奴隸社會」的人，其主要的方法是什麼？這樣的方法能否成立？郭先生認為是不能成立的，他的理由是什麼？從方法上講，應作怎樣的解釋？也就是說，他用什麼方法，或提出什麼概念來反駁？您同意他的看法嗎？也請說說您的理由。

　　最後，郭先生也為自己的主張找到一些證據，是怎樣的證據？您認為能否證明殷代就是奴隸社會的時代？當然，限於篇幅，我們沒有選錄更多的有關論述，證據總是嫌少了一點，但就這一點證據來看，這些資料具有作為證據的功效嗎？也請您說說您的看法。

　　閱讀的時候，好像文字中有一些問題，要我們回答，我們一面讀，一面想，思考的能力就逐漸萌發、增強，我們就得到閱讀的好處。至於答案是什麼，請教一下老師、同學，聽聽老師怎麼說，更重要的是同學之間的切磋交流，獲益必多，至於答案是否正確，就不要太在意了。

湯用彤——開闢西域與佛教

湯用彤 (1893–1964) 的《漢魏兩晉南北朝佛教史》是一本宗教史的專著，論證嚴謹，文辭優美，十分精彩。湯先生將此書稿本請胡適先生審閱，胡先生在《日記》中有這樣的記載：

（1937年）1月17日

讀湯錫予的《漢魏兩晉南北朝佛教史》稿本第一冊，全文為他校閱。

此書極好。錫予與陳寅恪兩君為今日治此學最勤的、又有成績的。錫予的訓練極精、工具也好，方法又細密，故此書為最有權威之作。我校讀完，為他寫一信介紹給雲五先生。他不主張佛教由海道傳來之說，我以為此說亦未可完全抹殺。

1月18日

到北大，與湯錫予暢談。他自認膽小，只能作小心的求證，不能作大膽的假設。這是謙詞，錫予的書極小心，處處注重證據，無證據之說雖有亦不敢用，這是最可效法的態度。（參見湯先生的哲嗣湯一介教授所撰〈湯用彤與胡適、傅斯年〉，《萬象》第十四卷第四期，2012年4月，頁30）

我們可以看到，就問題的答案言，胡先生對書中的主張，容或有某些不同的意見，但就解決問題的方法言，胡先生的推崇讚許可說毫不保留。湯先生之嚴謹細密，應該與「訓練極

精」有關。湯用彤字錫予，清華學堂畢業後，赴美留學，在哈佛大學攻讀哲學，得碩士學位後即返國，主要在清華大學任教，講授歐美哲學課程，暇時勤讀佛典，胡先生所說的「訓練」，應該指此而言。

《漢魏兩晉南北朝佛教史》中有一小節，即「開闢西域與佛教」，十分精要，茲錄於下（參見上冊，臺灣商務印書館，1998 年）：

釋迦牟尼世尊生於天竺北方，其教化始僅流行於中印度恆河上游。至阿育王時代，即當中國秦朝，聲教已漸西被。雪山邊鄙當已聞法。至若中亞，即有佛化，或未深廣。其後希臘種族彌蘭王，佔有高附及西印度，曾問法於名僧龍軍。（自註：巴利文之《彌蘭問經》，中文之《那先比丘經》，即紀其時問答。）而其泉幣鑴文曰「弘法大王彌蘭」。此則在西漢文景之世，佛化可知早已盛行於印度之西北。《漢書》所述之西域各國，何時始行佛化，現存史料，多係神話，少可置信。而中西學者考證之所得，亦尚分歧無定論。于闐龜茲之建國，均傳在阿育王時。教澤廣被，亦謂始於此。但此種記載，怪誕不經，常不可信。又一切溯源於傳教最力之名君，亦頗可疑。但在西漢，佛法當已由北天竺傳布中亞各國。其時漢武銳意開闢西域，遠謀與烏孫大宛大夏交通。此事不但在政治上非常重要，而自印度傳播之佛法必因是而益得東侵之便利。中印文化之結合，即繫於此。故元狩之得金人，雖非佛法流通之漸，但武帝之雄圖，實與佛法東來以極大之助力。依史實言，釋教固非來自與我國接壤之匈奴，而乃傳自武帝所謀與交通之各國也。蓋

匈奴種族向未以信佛著稱。而傳譯經典於中國者，初為安息康
居于闐龜茲。但其於傳法最初有關係者，為大月氏族。

　　蓋在西漢文景帝時，佛法早已盛行於印度西北。其教繼向
中亞傳播，自意中事。約在文帝時，月氏族為匈奴所迫，自中
國之西北，向西遷徙。至武帝時或已臣服大夏。大夏君主，原
亦屬希臘遺民。其與弘法之彌蘭王，政法民情，本極密切。大
夏在吐火羅地，與彌蘭轄境相接，佛化在漢初當已流行。及大
月氏佔領此土後，並取高附地，滅濮達罽賓，侵入印度，建立
貴霜王朝。而其王迦膩色迦，後世釋子推為護法名王之一。漢
通天竺，以其地為樞紐。（自註：張騫在大夏始聞有身毒）佛法
之傳布於西域，東及支那，月氏領地實至重要也。

　　迦膩色迦之祖父為丘就卻。其貨幣上嘗刻佛像。又曾刻文
曰「正法之保護者」。丘就卻之信釋教，實無可疑。此王在位，
要在西漢之末，或東漢之初。印度佛教歷史傳記，可信者少。
但阿育王弘法見於石刻，彌蘭信佛，刻於泉幣，皆據最可信之
材料。月氏國王之奉法，據上所言，則至遲亦在丘就卻時。而
此民族之始被化，必更在此前或即西漢中葉。永平求法傳說，
謂在大月氏寫取佛經四十二章，可知大月氏固東漢時所認為佛
教之重鎮也。（頁 47–49）

　　佛教傳入中國，當然是重大的歷史事件，湯先生的這一段
文字，作了詳密的說明，值得我們細加研讀。

　　佛教傳入中國，不是經由匈奴，而是與漢武帝的通西域有
關；其中扮演重要角色者，則為大月氏族。這段文字所說，不
過如此，何以說是「詳密」的說明？何況傳入之細節幾乎全無

提及，讀來難以留下清楚深刻的印象，值得細讀，理由為何？

　　這段文字的細節描述，不是描述一件事，也不是敘述一種情況，而是對於史料的可信與否作了清楚的解釋。神話史料，多不可信；怪誕不經的記載，亦不可信。見於石刻，或見於錢幣，證據確鑿，必然可信。以可信的史料，依其種族遷徙以及地理位置，可以作出最為合理的推斷，說明佛教傳入中國的路徑與時間，就是這段文字如何從細節的描述中建構起整體圖像的主要方法。

　　歷史是過去的知識，理解過去，有其一定的程序，學習者應該時時銘記於心。材料是否可信，證據是否充足，都是最先需要考慮到的地方，只是這一類的文章不易見到，學生在這方面的練習也就較為欠缺。

　　湯先生的這一段文字，雖然有一點考證的味道，但對於秦、漢之時印度佛教的發展，進入西域之後佛教的傳布，以及漢武帝通西域促成「中印文化之結合」，作了清楚扼要的描述。所以，這段文字可以看作怎樣把史料考訂與史事敘述結合起來的一個範例，如果學生難以了解，則可以作為老師講課時的參考。

　　我們集中精神，跟著作者的思考，理解作者論述的方法之餘，也要留意作者的文章結構與遣詞用字。我們要把每一段的重點為何，上一段與下一段的關係何在，記於書眉，或銘記於心，這樣就能看到作者思路的進向，以及結論的導致過程。另外，文字也是我們需要留心的，湯先生的文字與我們習見的白話文，略有不同，語句十分緊密，用字非常精準，這種典雅的白話文，我們能夠欣賞才好。

書末作者的「跋」，就佛教史的研究與此書撰述始末，有
簡要的陳述，憶及幼年受教，至為動人，而態度之謙遜，尤其
值得我們學習。亦錄於下，或可於展讀全書之時，先覽此篇。

中國佛教史未易言也。佛法，亦宗教，亦哲學。宗教情
緒，深存人心；往往以莫須有之史實為象徵，發揮神妙之作
用。故如僅憑陳迹之蒐討，而無同情之默應，必不能得其真。
哲學精微，悟入實相。古哲慧發天真，慎思明辨；往往言約旨
遠，取譬雖近，而見道深弘。故如徒於文字考證上尋求，而乏
心性之體會，則所獲者其糟粕而已。且說者謂，研究佛史必先
之以西域語文之訓練，中印史地之旁通。近來國內外學者，經
歷年之努力，專題之討論，發明頗多。然難關滯義，尚所在多
有。故今欲綜合全史，而有所陳述，必如盲人摸象，不得其全
也。

彤幼承庭訓，早覽乙部。先父雨三公教人，雖諄諄於立身
行己之大端，而啟發愚蒙，則常述前言往行以相告誡。彤稍
長，寄心於玄遠之學，居恆愛讀內典。顧亦頗喜疏尋往古思想
之脈絡，宗派之變遷。十餘年來，教學南北，嘗以中國佛教史
授學者；講義積年，彙成卷帙。自知於佛法默應體會，有志未
逮；語文史地，所知甚少；故陳述膚淺，詳略失序，百無一
當。惟今值國變，戎馬生郊，乃以其一部，勉付梓人。非謂考
證之學，可濟時艱。然敝帚自珍，願以多年研究之所得，作一
結束。惟冀他日國勢昌隆，海內乂安，學者由讀此編，而於中
國佛教史繼續述作。俾古聖先賢偉大之人格思想，終得光輝於
世，則拙作不為無小補矣。書中於採用時賢之說，皆隨文注

明。至若相知友好，或代任鈔集，或有所諟正，益我良多。統此申謝。

中華民國二十七年元旦，湯用彤識於南嶽擲鉢峰下

文中「乙部」指史書，「玄遠之學」指哲學，「內典」指佛經，「國變」指對日抗戰，「梓人」指印刷出版。

范文瀾——厲行節儉政治的隋文帝

　　民國 95 年 6 月 2 日，《中國時報》的社論橫跨整個版面，它的標題：〈總統先生，你的選擇是什麼？ ——臺灣正面臨關鍵的時刻〉，看了讓人心頭一震。社論寫道：「今年是民進黨創黨二十周年。1986 年 9 月 28 日，臺灣民主先輩在圓山飯店正式成立民主進步黨。歷史文件顯示，二十年前的組黨籌備係由已故的傅正先生大力促成。傅先生雖然不是出生於臺灣，且曾於威權氣氛濃厚的政工幹校任軍職，卻毅然投身臺灣的反對運動，獻身臺灣民主改革。他在其『臨終遺言』中寫道：在歷經戰亂與高壓統治之後，『四十年來，我在臺灣，甚至不惜以自由為代價所追求的，第一是民主，第二是民主，第三還是民主。』這是何等高貴的理想、何等堅貞的情操！」讀到這裡，想起我與傅先生的一次談話。

　　民國 64 年，我到東吳大學歷史系教書，認識了政治系的傅中梅教授。因為我們都住新店，坐校車，轉公車，經常遇見，初則寒暄，繼則隨便聊聊。沒多久，他說：「告訴你，我就是傅正。」我說：「你就是傅正？ 那可是久仰大名啊！」有一次，他問我：「你讀過《中國通史簡編》（修訂本）這書嗎？我最近在小發財車上販賣的盜版書中買了一部，真是好看，看得我都放不下來。」我說：「我當然知道這部范文瀾 (1893–1969) 寫的書，我也很喜歡，我讀的時候，也是一直讀，一直讀，放不下手。」他說：「還有沒有像這部書一樣好看的歷史書？」我

說：「沒有。在我看來，這是眾多寫中國歷史的書中，最好看的一部，可惜沒有寫完，只到五代為止。」

印象中，有一次讀到一位日本學者的文章，談到他認為最好的三本「中國通史」類的書，他舉出呂思勉的《白話本國史》、錢穆的《國史大綱》和范文瀾的《中國通史簡編》。呂思勉的書，我大概翻過，已無印象；錢著《國史大綱》當然是一本備受推崇的通史著作，但以閱讀經驗的愉悅來說，是不如范著《中國通史簡編》的。因為我很喜歡范著《簡編》，對此一說法印象很深，但是何人所說，文章刊於何處，則無論如何都想不起來了。

1985 年，參加香港大學舉辦的唐宋史研討會，見到以研究封建社會著名的大陸學者胡如雷。會下閒談，不知怎麼，談到這部范先生的《中國通史簡編》，我說：「這部書我很喜歡，但近年來接著寫的宋史部分，讀起來完全不是相同的味道，范文瀾的助手，終究不是范文瀾。（按：范文瀾於 1969 年 7 月 29 日過世。）」

《中國通史簡編》究竟是怎樣一部書？這裡不做介紹，我就選一段來讀讀，看看范文瀾怎麼寫歷史。這是完整的一段，講隋文帝，有一點長，因為全書篇幅不小，寫到五代而已，就有四冊之多。

厲行節儉政治

隋文帝感到自己得國太容易，怕人心不服，常存警戒心，力求所以保國的方法。他得出兩條保國法。主要的一條是節儉。他教訓太子楊勇說：從古帝王沒有好奢侈而能久長的。你

當太子，應該首先崇尚節儉。其次的一條是誅殺。他假託年幼時，相面人趙昭曾秘密告訴他說：你將來該做皇帝，必須大誅殺才得穩定。他實行節儉，因而對民眾的剝削大為減輕。他實行誅殺，因而豪強官吏不敢過分作惡，也就有助於節儉政治的行施。隋文帝在位二十四年，這兩條貫注著他的全部行政，《隋書》說他「躬節儉，平徭賦，倉廩實，法令行，君子咸樂其生，小人各安其業，強無陵弱，眾不暴寡，人物殷阜，朝野歡娛，二十年間天下無事，區宇之內宴如也」。史家這種褒辭，難免有溢美之處，但也不會離事實太遠。隋文帝政治上的成就，對將近三百年亂局的結束是有重要意義的。

　　從輔政時開始，隋文帝便提倡節儉生活，積久成為風習。當時一般士人，便服多用布帛，飾帶只用銅鐵骨角，不用金玉。皇后獨孤氏是鮮卑大貴族。隋文帝要通過獨孤氏，收攬宇文氏以外的鮮卑貴族，因而畏懼獨孤后，讓她參與政權，宮中稱為「二聖」。獨孤后性妒忌，不許妃妾美飾。隋文帝曾配止痢藥，要用胡粉一兩，宮中找不到胡粉。又曾找織成的衣領，宮中也沒有。獨孤后的妒忌，倒也助成了隋文帝的節儉生活。

　　皇帝躬行節儉，是改善政治的一個根本條件，隋文帝具備這個條件，在行政上得以有力地推行下列三事。

　　獎勵良吏──五八一年，隋文帝下詔褒揚岐州刺史梁彥光。後來又褒揚相州刺史樊叔略，新豐令房恭懿。五九一年，臨潁令劉曠考績為天下第一，擢升莒州刺史。五九六年，汴州刺史令狐熙考績第一，賜帛三百匹，佈告天下。舊制，京城內外長官都有公廨錢，放債取利息。五九四年，下詔公卿以下各官按品級分給職田，停止放債擾民。州縣官直接治民，隋文帝

採取獎勵良吏，給田養廉等措施，雖然官吏未必就此向善稱職，但朝廷既明示改善吏治的方向，對民眾還是有益的。

嚴懲不法官吏——隋文帝對待臣下極嚴，經常派人偵察京內外百官，發現罪狀便加以重罰。他痛恨官吏的貪污行為，甚至秘密使人給官吏送賄賂，一受賄賂，立即處死刑。他的兒子秦王楊俊，因生活奢侈，多造宮室，被他發覺，勒令歸第（禁閉）。大臣楊素勸諫，說罰得過重。他說，皇子和百姓只有一個法律，照你說來，為什麼不別造皇子律？任何人犯罪，都得按法律懲罰。六○○年，他發現太子楊勇奢侈好色，廢黜楊勇，立楊廣（隋煬帝）為太子。他依靠一些左右親信，當作發覺臣下罪過的耳目，這就使得他不能不信讒言、受蒙蔽。楊廣奢侈好色，至少同楊勇一樣，只因善於偽裝，獨孤后、楊素都替楊廣說好話，終於奪得了太子的地位。楊素廣營資產，京城和京外大都會，到處有他的邸店、磨坊、田宅，家裡有成千的上等妓妾，又有成千的奴僕，住宅華侈，式樣模擬皇宮，隋文帝還以為楊素誠孝，信任有加。隋文帝憑個人權術，察察為明，功臣舊人，多因罪小罰重，殺逐略盡，剩下一個最兇狡的楊素，恰恰就是助楊廣殺害他的奸人。吏部尚書韋世康請求退休，對子弟說，祿不可太多，怕多就得早退，年不待衰老，有病就得辭官。這說明當時朝官，有些不願冒險作官，有些不敢進忠言招禍，能作大官並取得信任的人自然只能是楊素一類的奸人。隋文帝考核官吏，嚴懲貪污是必要的，但考核流為猜忌，嚴懲流為苛刻，那就無益反而有害了。不過，由於他執法嚴明，一般的官吏有所畏懼，貪污行為確是減少些，對民眾還是有益的。

　　改良統治術──隋文帝對待民眾比較寬平。五八一年，制定隋律，廢除前朝酷刑。民眾有枉屈，本縣官不理，允許向州郡上告，最後可上告到朝廷。窮苦人雖未必能到朝廷上告，但在對待官吏極嚴的當時，也多少起些保護民眾的作用。五八三年，又刪削刑條，務求簡要。五九二年，下詔：諸州死罪囚，不得在當地處決，須送大理寺（最高司法機關）覆按，按畢，送尚書省奏請皇帝裁定。五九六年，下詔：死罪囚要經過三次奏請才行刑。隋文帝往往小罪重罰，在朝廷上殺官員，對民眾犯死罪，用心卻是平恕。六〇〇年，正是他晚年對待官吏更嚴、誅殺尤甚的時候，齊州一個小官王伽，送囚人李參等七十餘人去京城，行至滎陽，王伽對李參等人說，你們犯國法，受罪是該當的，你們看看護送你們的民夫，多麼辛苦，你們於心安麼！李參等謝罪。王伽遣散民夫，釋放李參等，約定某日都來到京城，說，你們如果失約，我只好代替你們受死。到期都來到，不缺一人。隋文帝聽了很驚異，召見王伽，大為嘆賞。又召李參等攜帶妻子入宮，賜宴後宣布免罪，並且下了一道只要官有慈愛之心，民並非難教的詔書，要求官吏學王伽，以至誠待民。《隋書》說他留意民間疾苦。五九四年，關中饑荒，他派人去看百姓所用食品，是豆粉拌糠。他拿食品給群臣看，流涕責備自己無德，命撤消常饍，不吃酒肉。他率領饑民到洛陽就食，令衛士不得驅迫民人，遇見扶老攜幼的人群，自己引馬避路，好言撫慰。道路難走處，令左右扶助挑擔的人。他這些表示，在帝王中確是罕見，因為他深知要鞏固政權，首先必須取得民眾對自己的好感。

（參見《中國通史》第三卷，人民出版社，1978 年，頁 6-9）

　　這段文字，描述隋文帝的施政風格，我們讀了，應該對隋代的這位開國君主，有了十分鮮明的印象。范先生用什麼方法，可以把君主的施政風格，讓讀者印象鮮明？我們不妨看看這段文字的結構，從故事、敘述與評論三個方面，略作分析。

　　這段文字之中，讓我們印象最深的，應該是幾則故事，尤其是小官王伽押解囚人李參等到京城的經過，這是十分感人的故事。文章最後，594 年的兩件小事，也有故事的性質，同樣感人。至於他痛恨官吏貪污，秘密給官吏送賄賂，官吏受賂，即處死刑，也是故事，卻是一則讓人覺得嚴酷的故事。范先生把隋文帝待百姓相當寬厚，對官吏則十分嚴屬的作風，藉幾則故事清楚呈現，大家讀了之後，留下印象。這就表示，這些「故事」，不只是有趣而已，重要的是它呈現了一定的「意義」，對於我們認識那個時代，或認識那個歷史人物，很有幫助。范文瀾寫歷史，善於運用故事的資料，取得很好的成果。

　　這段文字的主要部分是敘事，要把隋文帝如何施政、成效如何，加以陳述。范先生怎麼做呢？首先，他將許多的事情歸納成屬行節儉與改善政治兩大類，後者又分為：獎勵良吏、嚴懲不法官吏和改良統治術等三項重點，再分別加以描述。如果我們問：撰者是用什麼方法來描述？也就是問：撰者選取怎樣的材料？運用怎樣的寫法？從答案中，我們可以看到范先生寫史的個人特色了。就選材來看，他儘可能選取一些有趣的事來寫，他用教訓太子的話，以及畏懼獨孤后來寫節儉，這些都有故事的性質，讀來都覺得有趣。他用皇子和百姓只有一個法律，以及韋世康請求退休，對子弟們說的話，來寫嚴懲不法官吏，也可以說是生動的故事，讀來也覺得有趣。相反的，如果

所選的材料只是表面的敘述，例如獎勵良吏，只記年代、良吏
的名字與制度規定，由於十分簡要，讀來難免枯燥。

　　評論是這段文字中的另一重要組成部分，評論可以分為兩
類，一是採用前人的議論，另一則是自己的見解。前者如文中
兩次提到《隋書》，而且還援引了一段。從這一段引文中，不
只是讀到唐初史家對隋文帝為政的主要評論，還可以看到傳統
史書評人論事的基本原則，也就是范先生所說：「史家這種褒
辭，難免有溢美之處，但也不會離事實太遠。」這樣的一句話，
對於不熟悉傳統史籍的我們，在理解傳統史書的記述方式上，
有很大的引導作用，我們不能輕忽。他自己的評論，那就更多
了。第一段中間，撰者說：「他實行節儉，因而對民眾的剝削
大為減輕。他實行誅殺，因而豪強官吏不敢過分作惡，也就有
助於節儉政治的行施。」這是他的評論。這一段的最後，撰者
又說：「隋文帝政治上的成就，對將近三百年亂局的結束是有
重要意義的。」也是他的評論。我們甚至可以說，他在每一段
的最後一句話，都可以看作是綜合這段資料所下的一個評論。
例如，第二段的最後：「獨孤后的妒忌，倒也助成了隋文帝的
節儉生活。」是評論；第四段的最後一句：「朝廷既明示改善吏
治的方向，對民眾還是有益的。」以及第五段的最後一句：「貪
污行為確是減少些，對民眾還是有益的。」也是評論，就是最
後一段的最後一句：「因為他深知要鞏固政權，首先必須取得
民眾對自己的好感。」同樣還是評論。而且我們還可以清楚看
到，他的論點是非常一致的，都是在於隋文帝對民眾的照顧，
此一論點是可以與傳統史書的評論相呼應的。

　　有人會說，范文瀾這樣寫歷史，不是太主觀了嗎？沒有

錯，又是說故事，又是做評論，怎能說是不主觀呢？問題是，寫歷史一定要很客觀嗎？寫史者的個人情感與好惡一定要儘量避免，甚至完全禁絕嗎？我認為寫歷史當然要客觀，但所謂的「客觀」，指的是寫史過程中，必須儘量地嚴謹：資料要蒐集得儘量齊全，證據的使用要儘量充分，論證過程要儘量細密等等，而不是指寫史的人不可以有自己的看法與意見。我們可以再想一想，他的評論是全無依據的個人臆測？還是有憑有據的合理論斷？我認為應該屬於後者。再說，他的評論要點在於隋文帝對待百姓很好，隋文帝有一顆照顧百姓的心，這樣的論點，今天讀來，有價值嗎？我們也應該想一想。在我看來，這樣的論點是有價值的，尤其在今天。

但是，范先生並沒有一味稱讚隋文帝，在他的筆下，隋文帝是一個複雜的人，也是一個活生生的人。隋文帝對待官員的態度，不只是過於嚴苛，而且有失公允；君主用技巧手段控制臣下，結果卻被技巧手段更高的臣子所控制。范先生寫道：「隋文帝憑個人權術，察察為明，功臣舊人，多因罪小罰重，殺逐略盡，剩下一個最兇狡的楊素，恰恰就是助楊廣殺害他的奸人。」就是對隋文帝的負面評論。有正有負，構成了對歷史人物的全面評論，這也是一個精彩的例子。

此外，我們還可以注意一下范文瀾的文筆。范先生寫的是白話文，是一種用字很精練，偶爾還會出現對仗句法的漂亮白話文，容易閱讀之外，更值得我們欣賞。文辭之外，筆法也是十分高明，跌宕轉折，總是會照應到各個不同的方面，明明是朝著負面寫去，「不過」兩個字一出現，就扭轉了方向，又歸結到正面的論述，也很可以讓我們欣賞。

　　最後，回到小官王伽和囚人李參等的故事。我每次讀到，無不動容，特別是隋文帝的那句：「只要官有慈愛之心，民並非難教」的話，更是深受感動，幾乎為之哽咽。我問過清華大學中國歷史課上的學生：「你們聽我唸這段文字，覺得很感動嗎？覺得感動的請舉手。」不少學生立即舉手，清楚表達了他們的感動。

范文瀾——五代的馮道

我們為什麼要學歷史？如果用一句話回答，我想說的是：我們可以從過去的人世社會之中，學到做人的「道理」。做人的道理指何而言？難道是指四維八德這些昔日儒家強調的「德目」嗎？看起來好像很諷刺，其實，我並不反對這樣的說法，但我也必須說明，在我的認識中，「四維」的禮、義、廉、恥，和「八德」的忠、孝、仁、愛、信、義、和、平，就其本義來看，都是很好的理念，也是保證人世社會得以正常運作，甚至不斷進步的一些重要規準，我似乎找不到任何反對的理由。五四以來，魯迅以「吃人的禮教」對它大肆撻伐，指控的對象不是「真禮教」，而是假借它的名義，喪盡天良，做盡各種壞事的「假禮教」。魯迅的這番用心，可以肯定，值得讚賞；但我絕不相信，魯迅連「四維」和「八德」的本義也都堅決反對。

或許有人會說，「四維」和「八德」的教誨，應該是「公民與道德」這門課程的任務，或者國文課也應該多談一點，至於歷史課，目的在尋求過去的「真相」，不妨與「道德」的目標劃清界線。這個說法，我不同意，我認為歷史之中也應該談談人世間的道理。我有幾點想法：一、「做人的道理」不限於四維和八德，這幾項儒家德目以外，還有許多做人的道理，也應該在過去的世界中加以認識；二、做人的道理很像是人的「常識」，不是艱深的學問，不需要經過繁複的論證，更不是所謂學者的專利；三、做人的道理必然符合人世的「邏輯」，

必然如同「邏輯」一樣的嚴謹，我們只有憑藉理性才能認識它、掌握它；四、人世的邏輯中，內心的活動至為重要，認識人們的內心活動，不可能只靠「證據」，相對來說，「神入」可能更為重要；五、理解過去人們的內心想法，不能離開他們活動的時代與社會，更要了解他們面對的問題與困難，同時，資料證據也是不可或缺的；六、人世的道理之中，應該包括人們生活的理想、終極的關懷以及對於核心價值的肯定與堅持。簡言之，學習歷史應該理解人世間的道理，時常銘記於心，遇到重要抉擇的時刻，知所進退，有所去取。就是在一般生活之中，這些道理也可以發揮引導或勸戒的作用。

舉個例子看看吧！五代十國，可以說是一個「天地閉、賢人隱」的黑暗時代，傑出人物一位也無。這樣的一個時代裡，人們如何待人接物、為人處世呢？馮道是這個時代裡最受矚目的人，在他的一生中，我們能否看到「做人的道理」呢？不妨一試。我還是覺得范文瀾寫的歷史最好看，我們看看范先生的《中國通史簡編》怎麼寫馮道吧！

自九〇七年梁太祖稱帝，至九六〇年周亡，先後五十四個年頭，中間經歷五個小朝廷。梁十七年算是最長。唐十四年，按唐莊宗、唐明宗（無姓氏）、唐廢帝（本姓王）三人各一姓來說，換姓平均還不到五年。晉不足十二年，漢不足五年，周不足十年。朝廷改換如此迅速，說明政權極不穩定，也就是武夫們劫奪得異常劇烈。周世宗是好皇帝，在位還不滿六年，就有人想奪取他的帝位。五代時武夫們除了彼此用武力相劫奪、懷惡心相猜忌以外，很少有其他關係。統治階級也有它的階級

道德，五代時，道德完全破壞，善意相維持、推誠相信任的風氣根本不存在。武夫們分裂成毫無黏性的無數碎片，組成的朝廷，壞的固然很快就消滅，偶有較好的同樣不免於被劫奪，統治階級醜惡到如此地步，社會將無法得到安定。宋朝竭全力抑制武夫劫奪的惡習，使政權穩定下來、民眾免除戰亂的痛苦，在這一點上，應該肯定宋朝的貢獻。

構成統治階級的文官部分，醜惡並不亞於武夫們。文官的代表是馮道。馮道是五代時期著名的人物，是這個時期的特產，是官僚的最高典型。東漢有個典型官僚名叫胡廣，當時人們給他的考語，說「萬事不理問伯始（胡廣字），天下中庸有胡公」，意思是胡廣熟悉典章，有辦事經驗，柔媚謙恭，不抵觸任何人。馮道所處環境比胡廣危險複雜得多，因之他的中庸手段發揮得更加充分。《通鑑》總括馮道的行徑說，「為人清儉寬弘，人莫測其喜慍，滑稽多智，浮沉取容」；「依違兩可，無所操決（決斷）」。這和五代官吏無不貪暴放縱，明爭強奪的風氣有異，他就這樣被認為有「德行」，各朝都要重用他來安撫眾文官。他尤其擅長的手段是揣度勝敗，估量強弱，捨棄敗弱，奉迎勝強，按照時機做來，不過早也不過遲，被捨棄者來不及怨恨，被奉迎者正適合需要，他就這樣避免危害，長享富貴。南朝梁劉峻作〈廣絕交論〉，說，小人以利相交，叫做利交。利交有五種方法，其中一法是量交，觀望形勢，計算利害，謀而後動，絲毫不差。馮道就是使用量交法最精的一人。

「德行」加量交，使馮道成為特出的官僚典型。想到馮道，就會想到官僚是多麼可憎的腐朽物。下面舉出他的一些事例：

馮道在唐末，投劉守光作參軍。劉守光敗死，投河東監軍

張承業作巡官。張承業看他有「德行」和文學，薦給李克用，任河東節度府掌書記。唐莊宗時任翰林學士，開始貴顯。唐明宗時，任宰相。從此儘管改朝換姓，他總不離將、相、三公、三師的高位。李從珂攻唐愍帝，兵到陝州，唐愍帝逃往河北。馮道為首相，準備率百官班迎，促盧導起草勸進文書。盧導不肯，說，天子還在河北，人臣那可輕率勸進。馮道說，「事當務實」。所謂務實，就是看準唐愍帝必死，李從珂必立。唐廢帝（李從珂）拜馮道為司空（三公之一），朝儀令掌祭祀時掃地的職事，馮道說，掃地我也幹。只要官位高，職事是什麼，他並不在意。晉高祖入洛陽，任馮道為首相。他要馮道出使遼國行禮，表示對父皇帝的尊敬。馮道毫不猶豫，說「陛下受北朝恩，臣受陛下恩，有何不可」。好個奴才的奴才！自遼國回來，大得信任，朝政都委馮道處理。有一次，晉高祖問及軍謀，馮道答，「征伐大事，在聖心獨斷，臣書生，惟知守歷代成規而已。臣在（唐）明宗朝，曾以戎事問臣，臣亦以斯言答之」。這是馮道保身的秘訣，守歷代成規不與聞任何擔干係的事情，正是一道避禍的護身符。晉高祖臨死，召馮道一人受遺命，使幼子石重睿拜見馮道，又使宦官抱石重睿置馮道懷中，意思是要馮道出力輔立石重睿。晉高祖死，景延廣主張立長君，立晉出帝。馮道一句話也不說，依然做首相。不久，出任威勝（鄂州）節度使。遼主滅晉，馮道自動入朝。遼主責問，你是那一種老子（老東西）？馮道答，「無才無德，癡頑老子」。遼主喜歡他能辱罵自己，使為太傅（三師之一）。漢高祖使為太師，官位達到最高點。郭威舉兵入開封，漢隱帝被殺，馮道破向來率百官班迎、奉表勸進的老例，改為率百官謁見，並且

受郭威的拜禮。因為郭威設謀要誘殺劉贇，如果馮道冒昧勸進，必然遭受郭威斥責。郭威派他奉迎贇。劉贇到宋州被拘，對馮道說，我這次敢來，因為你是三十年老宰相，所以不疑有詐，現在事急，怎麼辦？馮道默不作聲，表現一副癡頑相。有人要殺馮道，劉贇阻止，說，這件事不干馮老翁。實際上，馮道固然不是同謀殺劉贇，但郭威的暗算，他心裡很明白，他替郭威立了這一功，回朝後仍任太師。周世宗出禦北漢，馮道力阻，周世宗發怒，看不起他，使他作山陵使，為周太祖造墳墓。馮道第一次打錯算盤，不免煩惱，葬事完了，他這條醜惡的生命也同時完了。馮道自號長樂老，作〈長樂老自敘〉一篇，敘述歷事四朝及契丹所得階勳官爵以為榮，自謂孝於家，忠於國，做子做弟做人臣做師長做夫做父，都做得無愧色，只有一點不足（缺點），就是「不能為大君致一統，定八方」。所謂大君，自然包括遼主在內，馮道心目中，根本不存在中國外國的區別。哀莫大於心死，馮道就是心死透了的人。他在五代、宋初有極高的聲望，《新五代史》載馮道死後，「時人皆共稱歎，以為與孔子同壽（馮道七十三歲死），其喜為之稱譽蓋如此」。范質稱馮道「厚德稽古（同於古聖賢），宏才偉量，雖朝代遷貿（改變），人無間言，屹若巨山，不可轉也」。《舊五代史・馮道傳贊》說「道之履行（行為），鬱有古人之風；道之宇量（氣量），深得大臣之體」。這都是怪異的議論，說明五代、北宋初的文官們，與馮道同樣是心死的人，正如歐陽修所說「可謂無廉恥者矣，則天下國家可從而知也」。以馮道為代表的官僚風氣，對統治階級也很有害，宋人講理學，就是想改變馮道對士大夫群的巨大影響，在當時的歷史條件下，理學曾

起著某些有益的作用，當然它是唯心主義哲學，根本性質是反動的。（頁 479–483）

　　范文瀾的這段敘述十分清楚，從五代的大致情況、主要特色講起，再及於馮道一生的主要事跡，最後則是對這位人物的評論。

　　五代是怎樣的時代？書中已有清楚敘述，這裡要作一總結，這是改朝換代十分迅速的時代，原因在於武夫掌政，道德完全破壞，以致社會無法安定。進一步問：那麼，文官呢？范先生說，文官的醜惡不亞於武夫，代表就是馮道。怎麼證明呢？他先說明當時的一般情形，再說馮道異於他人的特殊之處。我們應該注意，范先生不是平鋪直敘地描述，而是借用了兩個歷史的典故，一是東漢的典型官僚胡廣，漢質帝遭外戚大將軍梁冀毒死，胡廣在議立新帝時，不敢支持李固為了漢室，擁立明君的主張，而是迫於梁冀的淫威，支持便於控制駕馭的小皇帝，即後來的漢桓帝。桓帝之立，讓漢朝無可避免地走入衰亡之途。范曄在《後漢書》寫到此事，稱胡廣「猶糞土也」，是極其輕蔑的。馮道較胡廣尤為不堪，那又要怎麼說呢？另一典故則是一篇文章，南朝梁朝劉峻的〈廣絕交論〉，用其中的意思，把馮道的處事手法，做了深刻的交待。而這兩個典故又歸納成兩個概念，德行與量交，就是馮道處事的兩大原則。這樣的寫法，發自深厚的文史修養，今天一般所謂的歷史學者，顯然是做不到的。

　　馮道做了哪些事？這是一個選擇的問題。歷史家可以選一些當時以及後世人們稱頌馮道的事，如對契丹耶律德光講的

話，保全了中原百姓的性命等，來為馮道緩頰，那就讓我們來看看范文瀾作了怎樣的選擇。范先生擬了兩個選擇的標準，一是馮道為官的原則，就是如何保持將、相、三公、三師這樣的高位；二是保持高位的做法，就是「守歷代成規，不與聞任何擔干係的事情」。范先生舉了幾個例子，其中一個是郭威派馮道奉迎劉贇，劉贇相信他，還為他說好話，結果劉贇被殺，他卻因功而任高官。我想，范先生讀到這段資料，一定深有感觸。假設我們進入劉贇心中，可知他始終相信馮道，最後卻為馮道出賣，他若能理解事情原委，他會作何感想？左右身旁的人，眼見這一幕悲慘的情景，再也不能相信人世間還有「信任」二字可言。馮道的作為，實在令人寒心啊！我們可以看到，史事的選擇固然操於撰寫者手中，但所選史事的高下，卻是人人都看得到的，史家的高明與否也就昭然若揭了。請問：只寫一些表面的事情高明呢？還是寫到人們內心深處高明呢？我們從事情的表面，就可以看到人世間的道理嗎？還是只有觸及人們的心靈，方能讓我們對於這些道理有所體會呢？我想，答案是十分明顯的。

關於馮道的評價，這篇文字中也有清楚的陳述。五代時，人們看馮道既有「德行」，又長踞高位，羨慕之餘，只有稱頌不已。到了宋初，人們的思想觀念尚未改變，對他依舊稱頌，說明這段時期儘管天下承平，人們的想法心態仍不脫前代窠臼。一直到七、八十年之後，北宋已進入中期，讀書人的自覺精神出現了，覺得讀聖賢書要擔負起天下國家的重任，識見提高了，思考深邃了，再看五代、宋初，自然多所不滿，對馮道的舊評價也就不能接受了。所以，任何不同評價，除了要看評

論者所採的角度、立場，也要看看立論的深度、意境，其間自
有高下優劣，是不能等同而視的。

　　范先生大概很不相信寫歷史要冷靜客觀，不宜流露好惡情
感等，屬於「科學式史學」的信念。他寫的史書，口味很重，
時時用重彩濃墨，表達心中的感受。如：「想到馮道，就會想
到官僚是多麼可憎的腐朽物。」、「好個奴才的奴才！」、「他這條
醜惡的生命也同時完了。」、「哀莫大於心死，馮道就是心死透
了的人。」這樣的表述，您喜歡嗎？我覺得讀來很過癮，當然，
這是很主觀的意見。

　　最後一段，有點意思。看他怎麼寫的：「以馮道為代表的
官僚風氣，對統治階級也很有害，宋人講理學，就是想改變馮
道對士大夫群的巨大影響，在當時的歷史條件下，理學曾起著
某些有益的作用，當然它是唯心主義哲學，根本性質是反動
的。」這段話分為前後兩部分，前面讚揚理學，後面說它是反
動的，是不是前後矛盾？我覺得不是的。范先生的意思就在前
面，但在高舉唯物主義大旗的紅色中國，怎麼可以明白公開的
讚美唯心的理學呢？所以，必須補上這條狗尾巴，這是明眼人
都可以看穿的。

錢穆——先秦學術的脈絡

　　錢穆 (1895–1990) 的著作中,《先秦諸子繫年》也許是最重要的一部。這是一部探討面很廣,內容很豐富,論證謹嚴,創獲甚多的書。記得在素書樓聽錢先生講「中國史學名著」這門課,錢先生談及這部書時說,只要《史記》還有人讀,《先秦諸子繫年》就不會消失,印象至為深刻。當然錢先生的著作之中,《中國近三百年學術史》以及《朱子新學案》,都是煌煌鉅著,均獲得學界很高的讚響,也都是重要的著作;但是兩部大著,撰成於《先秦諸子繫年》之後,應是在這部書堅實的基礎上,再次展現深厚的學術功力。錢先生在史學上之巨大成就,發凡起例之著,應推《先秦諸子繫年》,我想大家不會反對吧。

　　然而,今天讀這部書的人已經不多了,什麼原因?內容太難了,讀得太辛苦,應該是主要因素;再說,今天人們讀書,只注意一些大問題,只要對這幾個大問題得到結論就好了。錢先生的這部書,問了很多今天看來是引不起興趣的小問題,而且就是談大問題,論證又十分細密,若不是全神貫注,根本不能理會,是相當不合今天讀者脾胃的。

　　我們不妨問問自己,讀歷史書的目的是什麼?如果只是想多知道一點過去發生的事情,那完全不需要讀《先秦諸子繫年》;如果想多知道一點理解過去的方法,多提高一點研讀資料時的分析、論證能力,《先秦諸子繫年》一定可以給予很大的幫助。

　　我們讀一位歷史家的著作，最重要的，應該是了解這位史家如何思考，如何表述。我們要經由作品讀進著者的心中，看看著者是怎樣提出問題，處理問題，以及怎樣得出最後的判斷。卓越的史學著作，由於體例關係，有些不大容易看得出著者的構思，有些則較為明顯，《先秦諸子繫年》屬於後者，正是我們可以學習到「歷史方法」的典範作品。我們無法抽出時間細讀全書的話，細讀這部書的〈自序〉，再挑一、兩篇讀讀，應該是可以做得到的。這裡就從這篇長達二十五頁的〈自序〉中，選出一頁，嘗嘗這部名著的風味。我希望選出的是這篇〈自序〉中最關緊要的文字。

　　且夫後世之積譌襲非，有足為考年繫世之障者，又豈僅於時君世系之錯亂，諸子往迹之晦沉而已耶？蓋自劉、班著錄，判為九流，平章學術，分別淵源，其說相沿，亦幾二千載於茲矣。習非成是，積信為主，則亦莫之疑而難以辨也。曰百家原於道，則老聃之年無以破。曰申、韓本於老，則吳起、李克之統無以立。不知農之原於墨，則我許行即許犯之說不足信。不知法之導於儒，則我商鞅本魏學，李韓乃荀術之論不能成。非破碎陳說，融會以求，則我魏文、西河、齊威宣稷下諸賢之考皆無以通其意。吾嘗沉沉以思，昧昧以求，潛精於諸子之故籍，遊神於百家之散記，而深疑夫舊說之有誤，而習見之不可以為定也。積疑有年，一朝開豁，而後知先秦學術，惟儒墨兩派。墨啟於儒，儒原於故史。其他諸家，皆從儒墨生。要而言之，法原於儒，而道啟於墨。農家為墨道作介，陰陽為儒道通圍。名家乃墨之支裔，小說又名之別派。而諸家之學，交互融

洽，又莫不有其旁通，有其曲達。分家而尋，不如別世而觀。尋宗為說，不如分區為論。反覆顛倒，縱橫雜出，皆有以通其源流，得其旨趣，萬變紛紜而不失其宗。然後反以求之先秦之史實，並世學者師友交游之淵源，與夫帝王賢豪號召羅致之盛衰興替，而風會之變，潮流之趨，如合符節，如對契印。證之實者有以融之虛，丈而量者重以寸而比，乃然後自信吾說而確乎其不自惑也。夫為辨有破有立，破人有餘，立己不足，此非能破之勝也。夫為學有積有統，積說多端，整統未建，此非能積之優也。余之此書，定列國之世系，考諸子之生卒，事有甚碎，辨有甚僻，蓋考據之幽微，為學者之畏途，有使人讀而生厭，不終卷而廢者。然而陳說未破，則己旨不立，積緒無多，則整統不富，徬徨瞻顧，雖曰未能，竊有志於是焉。（頁25-26）

　　這是全文的總結部分，《先秦諸子繫年》一書的主要論旨於此可以窺見大略。這段文字有兩項要點，一是對先秦諸子各種說法的破與立；二是破與立的過程中所用的方法。所謂「破」，指不信舊說，如對老聃年代的說法，以及認為申不害、韓非的學說出於老子等。何以舊說不可信呢？那是因為自劉向、班固以來，大家習於《漢書・藝文志》的說法，已歷二千多年，「積非成是，積信為主」，未有疑問，也就不加辨別了。所謂「立」，指提出新義，如法家源於儒家，道家啟自墨家等，文中屢次提及「我」的主張，都是異於往昔的新看法。經過這一番的「破」與「立」，錢先生對於先秦學術的源流與演變，提出了系統的說法。錢先生何以能夠破舊立新？主要在於他沉

潛於諸子典籍，遊神於古典世界，愈感舊說不足以服人，浸潤
有時，精思力索，終於尋得先秦學術發展的大脈絡，即「法原
於儒，而道啟於墨。農家為墨道作介，陰陽為儒道通圍。名家
乃墨之支裔，小說又名之別派。」這一段話。我們如果再要問：
沉潛於典籍，就可以得出新看法嗎？當然不是，而是要用一套
「方法」，就是錢先生在這篇〈自序〉中說到的「方術」，「無
方術處之則難，有方術處之則易。」那麼，它是什麼呢？錢先
生以年輪可知樹木的年歲、化石可知地層的歷史，作為譬喻，
指出古籍上的片言隻字，只要精讀細究，就能互為印證，加以
推測，其作用如同年輪和化石。另外，昔日研究諸子，都是
「分家而尋」，各治一家，研究墨家，不能下達於孟子；研究
孟子，亦不連續到荀子，其成果必少，而缺失必多。錢先生指
出不如「別世而觀」，從考訂諸子事蹟的時代先後，予以時間
的定位，指出其學術的特點。過去的研究，每有「尋宗為說」，
追尋某一學派的淵源，依據資料，述其特色，明其發展。錢先
生認為不如「分區為論」，就諸子活動地區的資料，反覆推敲，
通盤考量，呈現其特色，說明其興衰。錢先生此書，就是藉著
這樣的一個大架構，描繪出整個先秦學術的燦爛圖像。這裡再
抄錄〈自序〉中的一段，藉以一窺全書內容之大要：

　　書分四卷，首卷盡於孔門，相宰之祿，懸為士志，故史之
記，流為儒業，則先秦學術之萌茁期也。次卷當三家分晉，田
氏篡齊，起墨子，終吳起。儒墨已分，九流未判，養士之風初
開，游談之習日起，魏文一朝主其樞紐，此先秦學術之醞釀期
也。三卷起商君入秦，迄屈子沉湘。大梁之霸燄方熄，海濱之

文運踵起。學者盛於齊、魏，祿勢握於游仕。於是有白圭、惠施之相業，有淳于、田駢之優遊，有孟軻、宋鈃之歷駕，有張儀、犀首之縱橫，有許、陳之抗節，有莊周之高隱，風發雲湧，得時而駕，乃先秦學術之磅礡期也。四卷始春申、平原，迄不韋、韓、李。稷下既散，公子養客，時君之祿，入於卿相之手，中原之化，遍於遠裔之邦。趙、秦崛起，楚、燕扶翼。然而爛漫之餘，漸歸老謝，紛披已甚，主於斬伐。荀卿為之倡，韓非為之應。在野有老聃之書，在朝有李斯之政。而鄒衍之頡頏，呂韋之收攬，皆有汗漫兼容之勢，森羅並蓄之象，然猶不敵夫老、荀、非、斯之嚴毅而肅殺。此亦時運之為之，則先秦學術之歸宿期也。（頁27）

採用這樣的方法，討論這些資料上所呈現的問題，實際工作上如何措手呢？遇到主要的困難是什麼呢？錢先生在〈自序〉的起始與結束，都略作說明，也很值得一讀，茲錄於下。

余草《諸子繫年》，始自民國十二年秋，積四五載，得《考辨》百六十篇，垂三十萬言。一篇之成，或歷旬月，或經寒暑。少者三四易，多者十餘易，而後稿定。自以創闢之言，非有十分之見，則不敢輕示於人也。藏之篋笥者又有年，雖時有增訂，而見聞之陋，亦無以大勝乎其前。茲當刊布，因加序說，粗見凡例。（頁1）……

且著書成學，不徒有其外緣，而又不能不自止於限極焉。吾書之成，其為之緣者則既論之矣；至於其限極，亦有可得而略陳者。蓋首卷考訂孔子行事，前賢論者已詳，折衷取捨，擇

善而從，其為己說者最尠。至於次卷，墨子、吳起之世，史文荒失。於此不理，則荊棘未斬，取途無從。而欲加闢治，又徒手空指，利斧難覓。篳路藍縷，艱苦惟倍。凡所論列，雖已疏闊，而史料既滅，文獻不足，則亦無以為增。至於三卷，如理亂絲，異說紛呈，諸端並列，條貫則難，尋證則富。四卷諸篇，以當時諸子著書，往跡頗詳，親歷轉略。秦廷焚坑，學術中絕。而《汲冢紀年》亦盡於魏襄王，以下惟有《史記》，無可互勘。如春申、不韋之死，荀卿之老，鄒衍之遊，皆有可疑，無以詳說。其他亦幽晦。較之墨翟、吳起之世則顯，較之惠施、孟軻之世則略。此亦史料所限，無可為力者也。若夫見聞之未周，思慮之未詳，智慧之所不至，功力之所未盡，進而教之，期乎方聞君子。（頁 27–28）

　　前一段文字告訴讀者寫作的時間，卻也可以看出錢先生的嚴謹、勤奮與自信。後一段文字，雖然談的是這部書的「限極」，主要還是說明資料上的殘缺與混亂，著手研討，困難多端；而且每卷情況不同，受限於史料，則一也。至於錢先生撰寫過程中處於怎樣的環境，大至當時整個中國局勢的不安，小至所能閱讀參考書籍之有限，以及這段期間他個人遭遇到的兒殤妻歿，兄亦繼亡的內心哀痛，在書後的〈跋〉中均有所陳述。

　　《先秦諸子繫年》，初版於民國 24 年，由商務印書館印行，1956 年，香港大學發行增訂初版，本文參考的是民國 97 臺北東大公司的二版。這部書不需要從第 1 頁讀起，大可以挑選自己有興趣的題目來讀。

錢穆——楚雖三戶，亡秦必楚

錢穆的《先秦諸子繫年》是中國現代史學的一部名著，論證謹嚴，創獲甚多；我們似乎應該挑選一篇讀讀，雖然只是一嘗鼎臠，卻也可以略知風味。怎麼挑選呢？我想挑選的原則不妨是：一、不能太長，文章太長，不符合我們的體例；二、不能太難，讀書應當循序漸進，應該從較為簡易的開始；三、不能冷僻，最好是大家熟悉的題目，既可以引起閱讀興趣，又可以了解其中運用的方法。有沒有這樣的篇章？不是沒有，我覺得〈楚雖三戶亡秦必楚解〉就符合以上所說的三項條件。「楚雖三戶，亡秦必楚」這句話，我們都聽過，應作何解？我們就會說，那就是楚人飽受秦人欺侮，怨恨至深，報仇之心也至強；強到只剩下三戶人家，也要達成報仇的願望，最後也確實可以把秦國滅掉。應該作這樣的解釋嗎？我們不妨一讀錢先生的這篇〈楚雖三戶亡秦必楚解〉，看錢先生怎麼說的。這篇文章不長，是〈屈原居漢北為三閭大夫考〉的附篇，就讓我們來讀讀。

楚南公曰：「楚雖三戶，亡秦必楚。」其語解者不一。韋昭以為「三戶，楚三大姓昭屈景也。」此最得之。春秋列國宗族，其見於《左氏內外傳》者，如魯有三桓，鄭有七穆，宋有戴桓之八族，晉有八姓，（見《左》昭三年〈傳〉）十一族，（見〈晉語〉）及殷民六族，七族，懷姓九宗，（見《左》定四年〈傳〉）

祝融八姓，（見〈鄭語〉）之類，以數字計宗姓者，不勝縷舉。楚之三戶，亦其例也。蘇林曰：「但今有三戶在，其怨深，足以亡秦。」臣瓚曰：「楚人怨秦，雖三戶猶足以亡秦也。」皆望文生解，非其義矣。蓋南公意謂楚之公族雖祇三家，足以亡秦，不泛指民戶言也。其後陳吳發難，亂者四起，皆重立六國後。楚懷以外，如魏豹趙歇韓成田市，皆以故國舊族。其他一時將率，亦多往時大家名族之裔。雖云將相無種，而平民崛起以亡人國，究是當時創局。雖陳嬰之母，亦知驟貴不祥，欲倚名族。況南公遠在亂前，其不以興滅繼絕，復國報仇之大任，期之誰何三家之小民，亦已明矣。而司馬貞《索隱》獨謂諸說皆非，按《左氏》「以畀楚師於三戶」之文，因謂三戶是地名。孟康遂稱後項羽果渡三戶津破章邯，是南公之善識。不悟三戶之為地名，本由楚起丹陽，以其三族而名發跡之地。而南公之言，初不當以地名釋也。故三戶之解，蘇林臣瓚《索隱》，各得其一偏，孟康失之最遠，而韋昭為獨得也。（頁443）

「楚雖三戶，亡秦必楚」此言，見於《史記‧項羽本紀》，錢先生提及的各種解釋，皆見於《史記》的三家注中。我們看看劉宋裴駰的《史記集解》、唐司馬貞的《史記索隱》和張守節的《史記正義》是怎麼注解這句話的：

《集解》瓚曰：「楚人怨秦，雖三戶猶足以亡秦也。」《索隱》臣瓚與蘇林解同。韋昭以為三戶，楚三大姓昭、屈、景也。二說皆非也。按：《左氏》「以畀楚師於三戶」，杜預注云「今丹水縣北三戶亭」，則是地名不疑。《正義》按：服虔云

「三戶，漳水津也」。孟康云「津峽名也，在鄴西三十里」。《括地志》云「濁漳水又東經菖公亭北，經三戶峽，為三戶津，在相州滏陽縣界」。然則南公辨陰陽，識廢興之數，知秦亡必於三戶，故出此言。後項羽果度三戶津破章邯軍，降章邯，秦遂亡。是南公之善識。

　　我們可以看到，錢先生所作的「解」，主要的討論對象就是三家注中的各種解釋。錢先生同意其中一種說法，認為其他三種說法各有所偏，另有一種說法則是最為離譜。我們不能只是記得哪一種說法是對的，而是要看為什麼這種說法是對的，或者說，為什麼這一說法比其他的各種說法都要高明。

　　這裡先做一點「背景說明」。「楚雖三戶，亡秦必楚」這句話，是七十老翁范增對項梁說的。范增說，陳勝的敗亡，是必然的。秦滅六國，楚國最為無辜。楚懷王到了秦國，卻未能回來，楚人到今天想起來，都覺得很難過。因此，楚南公就有「楚雖三戶，亡秦必楚」這種說法，藉以說明楚人的心情。而陳勝起事，沒有立楚王的後人，卻自立為王，這是無法發展的。范增勸項梁立楚王的後人，項梁就立了楚懷王的孫子心，仍稱懷王。「楚南公」在《漢書・陳勝項籍傳》的顏師古注，引服虔的話，「南公，南方之老人也。」同一條注中，記有蘇林所說，「但令有三戶在，其怨深，足以亡秦。」這句話，錢先生引用，但未見於《史記》三家注中。陳嬰母親不贊成其子稱王之事，則在此事之前，《史記・項羽本紀》中，有很清楚的敘述。陳嬰頗得民望，地方上的人殺了縣令，就要陳嬰為王，他的母親對他說，我嫁到你們陳家，從來沒聽說你們祖先出過貴

人。今天，你一下子就要稱王，這件事不吉祥。不如你投奔別
人，成功了，你可以封侯；事敗了，也容易逃掉。陳老太太的
意思很明白，稱王這種事，是要有昔日底子的，平民稱王，從
無先例，大不吉祥。

　　錢先生為什麼說只有韋昭說對了呢？請您想一想。我們可
以歸納幾點理由：第一、在古代典籍之中，以數字來說宗族
的，屢見不鮮，楚之三戶，即是一例。第二、舉出實際例證，
說明秦末之時，最初所見聚集的反秦力量，多是名族後裔。第
三、從當時人們的心理來看，「平民可以成事」的觀念，尚未
出現。這三點理由足以支持韋昭的說法，也就否定了蘇林和臣
瓚的說法。至於「三戶」是地名之說，甚至更為離奇的「讖
語」之說，怎麼看都嫌牽強，只需對「三戶」之名，亦與三族
有關，略作說明，即可交代。

　　我們從這一句話的解析中可以看到，在各種的意見中如何
作出抉擇，是有一定方法的。我們也可以看到，一切方法之
中，最為重要的，應該是「資料上的證據」與「對人們內心的
了解」，這也是理解歷史的兩項要點。也就是說，歷史知識的
理解，「證據」(evidence) 與「神入」(empathy) 原為最重要的兩
個概念。錢先生的解析，清楚有力，讓我們多少感到，掌握這
樣的概念，並不一定非要讀現代學者的論述，或西方的史學理
論不可。

錢穆——西漢後期外戚用事的緣由

西漢宣帝是一位非常精明的皇帝，他看到太子喜好儒學，不免憂心忡忡，說了一段著名的話：「我們漢家治理天下，有一套辦法，那就是把儒家主張的王道和法家強調的霸道，交互為用，怎麼可以只用儒術，只想實行儒家的理想呢!」（漢家自有制度，本以霸王道雜之，奈何純任儒術，用周政乎!）這位太子就是漢元帝，西漢進入了元、成、哀、平的時代，也就是末年衰頹的時代了。成帝時，太后的兄弟王鳳、王商等人秉政，成帝喜歡一位美麗的女子趙飛燕，整日廝混，李白詩句「借問漢宮誰得似，可憐飛燕倚新粧」中的這位美女，當時人把她視為足以滅掉漢代火德的「禍水」。到了哀帝，他喜歡的是美麗的男子董賢，哀帝與董賢幾乎形影不離，某日睡午覺，哀帝要起來，袖子卻壓在董賢身下，哀帝捨不得驚動夢中人，就把袖子剪斷，這就是「斷袖之癖」的典故出處，也反映了兩人的同志深情。有一天，哀帝喝著酒，睇著眼看董賢，說：我想效法堯舜禪讓，把天下讓給你，如何？這時旁邊的大臣就說，萬萬使不得，天下是太祖高皇帝打下的天下，不是陛下您的天下，要傳給子孫後代，萬世無窮；再說，天子是不能隨便胡說的。我們讀到《通鑑》中相關的記載，請想一想，哀帝此言，是隨便說說的嗎？哀帝也深感漢德已衰，不久新的朝代將如四時之運行，取漢而代之。如果，漢朝的皇帝都這麼想，一般臣民心中想些什麼，就不問可知了。最後，取漢而代之的是

王莽，除了個人因素，外戚長期握權，應是重要背景。

　　外戚何以掌權？若說成帝聽命於太后，舅氏遂握實權，終為表面上的解釋，似應有更深層的理由。錢穆先生就歷史之發展，作全面之觀察，指出皇帝孤立於上，無輔佐者不足以治國，輔佐者何人？最初為與之打天下之功臣，時日稍久，功臣凋零，不依之於宗室，則必托於外家。而宗室只宜封於外地，則中央政權與外家分享，乃成情勢之必然也。請讀錢先生的論述，見於所著《秦漢史》（東大圖書，2006 年），茲錄於下：

　　漢之初興，一時握權柄者，盡屬軍伍同起之功臣，在外則為封王，在朝則為卿宰。及高祖夷滅異姓諸王而代以劉氏，於是內朝為功臣，而外封為宗室。其時諸呂頗為劉助，實以外戚而兼功臣也。高后之崩，功臣宗室相依而剷諸呂，外戚一系遂斷。文景兩朝，內則諸老功臣及其嗣侯相繼秉政，外則宗室同姓互為覬覦。以文景兩帝因應之宜，宗室諸王分析敗亡，俯首聽命。而功臣卿宰，亦斂手退讓，歸其權重。故自武帝時而漢之為漢者乃定，而中央帝室之尊嚴始確立。武帝以雄才大略，拔公孫宏起徒步，為相封侯。公孫宏前後，雖仍不脫以前功臣嗣侯為卿宰之舊例。然昭宣以下為相者，則多由書生平地拔起，大率拜相始侯，不限於侯者而始得為相矣。惟相臣之權重威望，亦因此頗見輕減。而且政治既上軌道，民生樂業，四裔無事，兵革不起，即功臣一系亦漸滅。天下之重，帝皇孤立於上，則必有與共者。於是昭宣以來，朝廷大權，遂無意中仍流入外戚一系之手。霍光自武帝時受遺詔輔政，昭帝不壽，在位十三年（年二十三）而崩。昌邑王賀，入嗣大位，百日見廢。

並殺其群臣二百餘。出死，號呼市中，曰：「當斷不斷，反受其亂。」則霍氏在當時，權勢之重，不啻諸呂，而猶過之也。霍光死，宣帝盡誅霍氏，乃用許（妻黨）、史（母黨）。臨崩，亦詔以祖母史良娣子高，受遺詔輔政。霍光在時，嘗從驂乘，帝嚴憚之，若有芒刺在背。乃今所以為其子謀者，仍不免以外戚為輔。良以同姓宗室，宜於封建，不宜於內朝為輔政。功臣嗣侯，數世而衰，亦難繼盛。白徒孤仕，威信均有不孚。故君主政體之演進，當宗室封建，功臣世襲，兩途衰絕，乃折而入於外戚之代興，此亦趨勢之自然，有所必至也。自是以後，元帝任許、史，成帝任王氏，哀帝任丁、傅，平帝仍任王氏，皆以外戚擅權。其間有宦者，如元帝之信弘恭石顯，有師傅，如元帝之相蕭望之，成帝之相張禹，哀帝之相師丹，雖亦親幸，勢終不敵外家。而王氏自成帝時，王鳳以元舅大司馬大將軍秉政，諸舅譚、商、立、根、逢時，同日封侯。世謂之五侯。子弟分據勢要，郡國守相刺史皆出門下。王氏一姓，乘朱輪華轂者二十三人。王鳳既卒，從弟音，及商、根，相繼當國。根病免，莽以從子繼四父執政。及哀帝即位，中廢。哀帝在位僅六年，二十三歲而崩，無子，丁、傅二后皆先卒，太皇太后（元帝后王氏）仍詔莽為大司馬，迎立平帝。而王氏遂重握朝柄。莽之簒漢，其憑藉於外戚之勢者，至厚至重，此其所由以默移漢祚，而使人心相安於不自覺也。（頁271–273）

　　所謂歷史觀察，即分析情勢的發展與演變，指出其轉折的時刻，闡釋其變遷的因素。我們試著把這篇文章分成幾個大段落，漢武帝之前是第一段，武帝至昭、宣是第二段，元、成、

哀、平是第三段。

　　首先，分別從功臣、宗室與外戚三者的興衰起伏，論述漢初政情。高帝消除異姓諸侯，文帝時再奪諸將之權，功臣不再得勢。景帝時，七國之亂平定，宗室俯首聽命；而外戚惟囂張於呂后之時，呂后死，即遭剷除。故至武帝時，「漢之為漢者乃定，而中央帝室之尊嚴始確立」即為小結。

　　其次，武帝以及昭、宣之時，書生拜相，然其權勢已弱，皇帝孤立於上，與之共治天下者，以外戚為最宜。尤其是拔除擅權功臣之後，同姓宗室，不宜於內朝輔政，功臣與儒者，威望聲名均有所不足，「折而入於外戚之代興，此亦趨勢之自然，有所必至也。」是這一段的小結，也是從各種力量的比較中，所得出的必然情勢。

　　第三，元、成、哀、平之時，均信任外戚，雖然某些宦官與師傅頗受寵信，卻已無法與外戚抗衡。特別是成帝時，王氏幾乎完全掌控朝政，已為王莽之專權打下深厚基礎。「此其所由以默移漢祚，而使人心相安於不自覺也。」則為此段之小結，也是全篇的結語。

　　這是一篇談「變遷」的文字，說明外戚地位在西漢何以逐步上昇，並為王莽之專擅奠定基礎。西漢朝廷上，足以與外戚權勢相提並論的，有宗室、功臣、宦官與儒生，撰者分別檢視這些勢力何以不敵外戚，並舉出史例，稍加論證，其間的因果關係也就明白呈現了。

　　錢穆字賓四，是自學成才的國學大師。錢先生有一自傳體的回憶錄《八十憶雙親·師友雜憶合刊》（東大圖書，2013年），詳述清末民初江蘇無錫地區的風土文化，他自幼讀書求

知的過程，教小學而中學而大學的經歷，以及與文史學界並世英傑的切磋交往。抗戰軍興，浪跡西南，大陸變色，寄寓香江，雖顛沛流離，仍致力辦學論道，藉以延續文化香火。這真是一本好看又動人的書。

本篇選自錢先生所著《秦漢史》，關於此書的刊印，過程頗見曲折，亦十分有趣，簡述於下，詳情請讀該書序言。錢先生《秦漢史》，原是當年在北大、清華授課的講義。抗戰軍興，錢先生離開北平，轉徙西南，飄泊各地，此一稿件早已不在身邊。幸好尚有北大、清華的學生，對於這份油印講義至為鍾愛，流離各處，常在行篋，終於在臺北重見著者，並得以刊印。

在序文中，談到是否要將此講義付梓，錢先生不無疑慮，一來，這份講義以秦漢史為名，但只寫到西漢之末，未及東漢，即「未終編」；二來，即西漢而言，還有一些「重要節目」未能述及。清華學生陶元珍卻不以為然，認為極有刊行之價值，其中最為重要的理由是：「此二十年來，雖不斷有關於秦漢史之著述問世，然師此稿所創見，實並世學人所未及。」意思很明白，坊間秦漢史之類的書固然不少，這份講義雖欠完整，比較起來，不只毫不遜色，而且有以過之。

錢先生的《秦漢史》與其他各家著作的主要不同是什麼呢？簡單地說，就是撰述宗旨上所呈現的深度和廣度，有所不同。錢著雖然首尾不夠完整，內容又有欠缺，但是對於所談的議題都有深刻的探討，提出許多精闢的見解，論證又是嚴謹詳密，其成就也就不是泛泛敘述秦漢史事的書所能比擬了。

李濟——考古學家的方法

「考古」不是一個新名詞，中國在北宋時代古器物學就相當發達，呂大臨著《考古圖》完成於 1092 年，距今已有九百多年。他們把看到的古代青銅器，做了相當清楚的描述，記錄了出土的地點、器形的特徵，還有大小尺寸等等。他們不但用文字來說明，還儘量把這些青銅器的樣式，以及青銅器上的銘文，都畫了下來。不只如此，這些宋代的「考古學者」，還從器形與紋飾方面作了分類的工作，這些成果到今天仍有參考的價值。所以，我們實在不能忘掉他們的業績，不能一提到「考古學」，就認為那是一門從西方傳入的新興學問。

但是，傳統的古器物學只是今天「考古學」範圍中的一支，儘管成績不差，卻已經不再是考古學的主流，更不能視為考古學的代表了。今天，談到「考古學」，首先讓人想到的，就是「田野工作」和「發掘新材料」，而這也是現代考古學的特點所在，與傳統的古器物學之間，已經有了很大的距離。當然，現代考古學是從西方傳入的，如果我們要問：是什麼人把現代考古學介紹到中國，為中國學界所認識，而且栽培出一批優秀的現代考古學者？是瑞典人安特生，這位對於北京人的發現有貢獻，也是仰韶文化的發現者嗎？應該不是的，因為安特生是一位地質學者，他固然首先將田野工作與發掘新材料的方法運用於中國，並且獲致巨大成就，但他並沒有介紹現代考古學這門學問，讓國人有所了解。那麼，是誰做了這項工作，既

掌握了現代考古學這門新學科，同時也讓中國學界認識了它，發展了它，使這門新學問在中國大地上開花結果？這個人就是李濟，學界譽之為「現代中國考古學之父」。

李濟 (1896–1979)，出生於湖北鍾祥，進入現代學校之前，接受過傳統教育。1909 年，考入清華學校；1918 年，赴美留學；1923 年，在哈佛大學取得博士學位，隨即回國。他從事許多實際的考古工作，教導許多年輕的考古工作者，也規劃成立了若干考古學的研究與教學單位。這裡，我們不想細數李濟在考古方面的經歷，而是借用他的學生，著名的考古學家張光直的論述，介紹李濟在研究方法方面的特點與貢獻。

本書所選收的論文中，有一大部分是有關殷墟發掘或殷墟器物的，可見殷墟發掘不但在中國考古學的發展上有過支配性的地位，而且在李濟先生一生考古研究的發展上也占有中心的地位。……我們不妨特別指出，李濟先生在殷墟研究上的兩個特點。其一是李先生在資料中能夠靈活地抓住關鍵問題，而就這些問題廣泛、多方面討論的展開，在中國考古學上常常是獨開生面的新的研究園地。例如，從端方柉禁器組的研究，李濟先生抓到了殷周文化地方形態的問題；從青銅器與松綠石鑲嵌花紋的分析抓到了狩獵卜辭、動物骨骸與裝飾紋樣之間的關係的問題；從紋飾款式的分析抓住了殷商文化複雜的歷史背景問題；從人像姿勢研究抓到中國古代民族分類與源流的問題。資料的報導本身並不是自放自收輕而易舉的事，因為資料在報導之前須先分類，而分類問題在方法論上有很大的複雜性。……但是這類工作方法是可以訓練得出來的。從資料中抓關鍵問題

則既需要觀察事物的經驗，又需要對事物彼此之間聯繫關係的
敏感，不是完全能夠靠後天培養出來的。李濟先生對殷墟研究
的成績，從這個觀點上看，可以說是他留給我們最寶貴的一筆
遺產，因為這是最帶有他個性的一筆遺產。

　　李濟先生對殷墟的研究的另一個特點，可以說是他在這筆
資料裡所抓的最大的一個關鍵問題，那便是從殷墟抓整個中國
古史中橫來豎去的條條線索。由於甲骨文字的發現，殷墟是中
國三千年有文字記載的歷史的開端，而它的考古遺物又是向上
追溯古代文化的史前背景的一大串鑰匙。它不但承先啟後，而
且像一條御馬的韁繩一樣控制著史學者從黃河流域的中原向
東西南北各方的奔馳探索。這裡面的種種關鍵、種種問題，李
濟先生在他的兩本綜合性的專書裡，即《中國文明的開始》
（1957 年）與《安陽》（1977 年），在他的許多論文裡面，如
〈安陽的發現在為中國可考歷史寫下新的首章上的重要性〉
（1955 年）、〈安陽發掘與中國古史問題〉（1969 年），及〈殷
商時代的歷史研究〉（1969 年）等等，作了有深度、有見解，
而且非常謹慎的發揮。這些在今天的眼光看來，還是有很大啟
發性的。
（參見《〈李濟考古學論文選集〉編者後記》，載氏著《中國考
古學論文集》，臺北：聯經出版公司，1995 年，頁 326-327）

　　我們從張光直的這兩段話中，可以清楚看到，李濟先生的
主要方法就是「抓問題」。「抓問題」決不是容易的事，尤其要
抓的是一個又一個的關鍵問題，更非易事。如果我們問：如何
才能在一個領域中抓到大問題？甚至如何才能抓到關鍵問題？

答案可能只有一個，那就是您一定要有足夠的知識、充分的理解；惟有掌握了全面的、整體的認識，才能發現問題在哪裡，關鍵又是什麼。如果，我們進一步問：如何才能對某一領域有足夠的知識、充分的理解呢？答案也可能只有一個，就是您必須讀得多，想得細，也就是朱子教人讀書時常說的「熟讀精思」，捨此似無他途。

「熟讀精思」，說來不難，做來卻十分不易。我們走進圖書館，看到各種門類的書籍，滿滿的一架又是一架，不管哪一門類的書籍，都多到讓我們不知如何下手挑選的地步，難道這麼多的書，我們都要熟讀嗎？當然不是，我們要嚴加挑選，而且要排出閱讀的前後次序，這也是朱子的讀書法中所說的「循序漸進」。至於我們如何在這書海中，排出先後的閱讀次序，那就要向老師請教了。從另一方面說，只要我們起步的時候選對了書，讀完了它，很可能就知道下一本該讀的是什麼書。也就是說，書本之中自有一個內在的系統，讀完了這一本，就知道下面該要找哪一本來讀。順著這樣的脈絡讀下去，自然也是「循序漸進」。下一個問題就是怎麼讀，才能有所進步，這就是「精思」的重要了。「熟讀」與「精思」決不是分開來的兩件事，而是決不可分的一件事。我們在讀的時候，一定要用腦筋，不是去找「問題」，去發現「錯誤」，去選「材料」，而是去了解書中的意思。書中的主要內容以及它的含義，固然必須深刻了解；就是作者寫此書時採用的策略和方法，他的思慮與關懷，也必須細加體會。

除了「抓問題」，張光直的介紹中還提到了「分類」的方法。這讓我們想起羅振玉與王國維，他們在古史研究中取得很

大的成就，享有極高的名聲，而他們工作中最為基本的方法，就是「分類」。張光直說，「分類」的方法，儘管有很大的「複雜性」，卻是可以訓練得出來的；我想，所謂的複雜，指面對的材料林林總總、形形色色，做好分類應是解決問題的基本功夫。如何做得好呢？看來非有清晰的頭腦和堅忍的毅力不可，這是一種能力，是後天可以訓練得出來的能力。問題是，我們的教育過程中，曾否考慮到要多多培養這種能力？我們希望，學校課程應該要求學生多用腦筋，多思考問題，設法用自己的力量去解決問題；而不只是要學生無止境地背誦一些考過即忘的「知識」，特別是歷史這門課程。

徐復觀——起死回生的一罵

讀書與做學問，不是同一件事，但有著密切關係。做學問不可不讀書，只是讀書，找不到學問之門，也是做不成學問的。我們的主要任務是讀書，不是做學問，但知道一點學者如何受到啟發，如何進入學問的領域，非但可以對於這門學問有所認識，十分重要；再說，這類故事大多非常有趣動人，很值得細心體會。

徐復觀先生 (1904–1982) 曾就讀於日本陸軍士官學校，抗日戰爭期間，頗受蔣委員長賞識。國府遷臺不久，徐先生棄武從文，發表了幾篇擲地有聲的學術論文，遂得以轉往大學任教，先在臺中的省立農學院、東海大學，後來到香港中文大學。徐先生勤於著述，而且以洞察敏銳、見解透闢享譽學界。他的眾多著作之中，《兩漢思想史》中有關的論述，最為著名。

徐先生之所以能夠從軍職轉至學界，平日手不釋卷，即在兵馬倥傯之際，亦不廢讀書；除此之外，受到熊十力先生的啟發，更是重要因素。他在〈我的讀書生活〉一文中詳予敘述，文章寫得很好，值得細讀。

我決心扣學問之門的勇氣，是啟發自熊十力先生。對中國文化，從二十年的厭棄心理中轉變過來，因而多有一點認識，也是得自熊先生的啟示。第一次我穿軍服到北碚金剛碑勉仁書院看他時，請教應該讀什麼書。他老先生教我讀王船山的《讀

通鑑論》；我說那早年已經讀過了；他以不高興的神氣說，「你並沒有讀懂，應當再讀。」過了些時候再去見他，說《讀通鑑論》已經讀完了。他問：「有點什麼心得?」於是我接二連三的說出我的許多不同意的地方。他老先生未聽完便怒聲斥罵說：「你這東西，怎麼會讀得進書! 任何書的內容，都是有好的地方，也有壞的地方。你為什麼不先看出他的好的地方，卻專門去挑壞的；這樣讀書，就是讀了百部千部，你會受到書的什麼益處? 讀書是要先看出他的好處，再批評他的壞處，這才像吃東西一樣，經過消化而攝取了營養。譬如《讀通鑑論》，某一段該是多麼有意義；又如某一段，理解是如何深刻；你記得嗎? 你懂得嗎? 你這樣讀書，真太沒有出息!」這一罵，罵得我這個陸軍少將目瞪口呆。腦筋裡亂轉著；原來這位先生罵人罵得這樣兇! 原來他讀書讀得這樣熟! 原來讀書是要先讀出每一部的意義! 這對於我是起死回生的一罵。恐怕對於一切聰明自負，但並沒有走進學問之門的青年人、中年人、老年人，都是起死回生的一罵! 近年來，我每遇見覺得沒有什麼書值得去讀的人，便知道一定是以小聰明耽誤一生的人。以後同熊先生在一起，每談到某一文化問題時，他老先生聽了我的意見以後，總是帶勸帶罵的說，「你這東西，這種浮薄的看法，難道說我不曾想到? 但是……這如何說得通呢? 再進一層，又可以這樣的想，……但這也說不通。經過幾個層次的分析後，所以才得出這樣的結論。」受到他老先生不斷的錘鍊，才逐漸使我從個人的浮淺中掙扎出來，也不讓自己被浮淺的風氣淹沒下去，慢慢感到精神上總要追求一個什麼。為了要追求一個什麼而打開書本子，這和漫無目標的讀書，在效果上便完全是兩樣。

（參見《徐復觀文錄選粹》，學生書局，1980年，頁311-319）

　　這是一篇很值得閱讀的好文章，最初發表於《文星》四卷六期，1959年。在這段文字之中，「這對於我是起死回生的一罵」顯然是最重要的一句話。何以是「起死回生」呢？因為如果不經熊十力老先生的「指點」，就是這兇狠的「一罵」，還是依照原來的方法讀書，非但做不成學問，甚至不會有什麼長進。為什麼？因為只挑書中不好的地方加以批評，表面上看，好像用了腦筋，好像懂得批判思考，其實看不出書中的精義，只是一味的挑剔，怎麼可能得到讀書的好處呢？更糟糕的是，剛剛開始讀書、求學，卻養成自以為是的壞習慣，對於個人的品德也會有不好的影響。

　　徐復觀感到「起死回生」，並不只是讀書「先看出他的好處」而已，更重要的毋寧是下面的一句話：「某一段該是多麼有意義；又如某一段，理解是如何深刻」，這是他自己儘管讀過卻全然未曾領會的地方，聽到熊老先生的分析，真是如同「發聾啟瞶」一般，宛如掃清了籠罩在「書」上的迷霧，看到了「書」的真面目，知道了「書」的價值，也就是「原來讀書是要先讀出每一部的意義」。我們可以說，熊十力老先生的這一番話，其實就是指出了讀書的「路徑」，告訴我們讀書的時候，惟有了解「這一段多麼有意義」、「那一段理解如何深刻」，才是走上了「讀書」的道路。我們也可以說，「讀書」的道路，也就是「思考」的道路，思考的對象，無非就是古人高遠的理想與精細的分析。

　　這段文字的最後一段，也很重要。徐復觀與熊老先生談及

文化問題的那一番描述，我們讀來覺得生動之餘，應該對於熊老先生的最後一句話留下印象。「經過幾個層次的分析後，所以才得出這樣的結論。」這句話告訴我們，討論問題，必須仔細思考，反覆探究，找出它的層次，理清它的邏輯，才能下一個不易為人推翻的結論。這樣的努力，固然十分辛苦，但終能擺脫了浮淺，而且把自己的境界提升起來，才會逐漸知道「打開書本」究竟是為了什麼。

熊十力 (1885–1968)，湖北黃岡人，父親為鄉村塾師，少年時為人牧牛，但勤奮自學，喜讀王夫之、顧炎武著作。曾參加辛亥革命，目睹革命黨人爭權奪利，憤然返家，致力學問。在南京支那內學院從歐陽竟無先生修習佛學，撰成《唯識學概要》。1922 年經梁漱溟介紹，至北京大學講授佛學。1932 年，發表《新唯識論》，由佛轉儒，形成哲學體系。學問精深，著作宏富，公認為近代中國少數最重要的哲學家之一，所撰《讀經示要》與《十力語要》，可視為了解其學術思想的入門之書。在《十力語要》中，熊十力對學生說及他的平日概略，學生記錄下來，頗可一窺他的家世、時代與為學之道，雖然篇幅稍長，卻至為動人，亦錄於下：

余先世士族，中衰，先父其相公，學宗程朱，一生困厄，年亦不永。余年十歲，先父已患肺病，衣食不給。余為人牧牛，先父常嘆曰，此兒眼神特異，吾不能教之識字，奈何。乃強起授館，帶之就學。初授《三字經》，吾一日讀背訖；授四書，吾求多授，先父每不肯，曰：多含蓄為佳也。求侍講席，許之。時先父門下，頗有茂才，余自負所領會出其上。父有

問，即肅對，父喜，而復有戚色。是年秋，吾即學作八股文一篇。八股文有法度，不易馳逞，先父頗異之。踰年，先父病深，竟不起。臨終，撫不肖之首而泣曰：汝終當廢學，命也夫；然汝體弱，多病，農事非所堪，其學縫衣之業以自活可也。余立誓曰：兒無論如何，當敬承大人志事，不敢廢學。父默然而逝。余小子終不敢怠於學，蓋終身不忍忘此誓也。先長兄仲甫先生，讀書至十五歲，以貧，改業農。農作，則帶書田畔，抽暇便讀，余亦效之。曾從遊何先生半年，此外絕無師。年方弱冠，鄰縣有某孝廉上公車，每購新書回里，如《格致》、《啟蒙》之類，余借讀，深感興趣。旋閱當時維新派論文與章奏，知世變日劇，遂以范文正先天下之憂而憂一語，書置座右。……時國事日非，余稍讀船山、亭林諸老先生書，已有革命之志。遂不事科舉，而投武昌凱字營，當一小兵，謀運動軍隊。旋考入陸軍特別學堂，漸為統帥張彪所偵悉，將捕余，聞訊，得遁走，張彪猶懸賞以購。余逃回鄉里，時兄弟六人，食指眾，饔飧每不繼，冬寒，衣不足蔽體，雖皆安之，而意興俱索。聞南潯鐵路開工，德安多荒田，兄弟同赴德安墾荒。然流民麕集，艱險又多出意外，日益憂懼。及民六、七，桂軍北伐，余曾參預民軍。旋與友人天門白逾桓先生同赴粵，居半年，所感萬端，深覺吾黨人絕無在身心上作工夫者，如何撥亂反正。吾亦內省三十餘年來，皆在悠悠忽忽中過活，實未發真心，未有真志，私慾潛伏，多不堪問。賴天之誘，忽爾發覺，無限慚惶。又自察非事功之材，不足領人，又何可妄隨人轉，於是始決志學術一途，時年已三十五矣。此為余一生之大轉變，直是再生時期，他日當為文，一述當時心事。未幾，兄弟

喪亡略盡，余愴然有人世之悲。始赴南京，問佛法於歐陽竟無先生。留寧一年餘，深究內典，而與佛家思想，終有所不能苟同者，讀吾新論（《新唯識論》），當自知之。佛教中人每不滿於吾，是當付諸天下後世有識者之明辨，流俗僧徒與居士，於佛法本無所知。吾總覺佛教思想之在吾國，流弊殊不淺，學者閱《讀經示要》第二講，當自思之。吾並非反對佛法，唯當取其長，汰其短耳。

余自卅五以後，日日在彊探力索之中。四十左右，此工夫最緊，而神經衰弱之病，亦由此致。五十後，病雖漸愈，然遇天氣悶熱、作文、用思過緊，則腦中如針刺然，吾之性情即亂，或易罵人，不知者或覺吾舉動奇怪。其實，神經衰，即自失控制力，偶遇不順意之感觸，即言動皆亂也。余生平不肯作講演，若說話多，則損氣甚，而神經亦傷，言語將亂發，不知者聞之，又若莫明其妙也。余每日作文、用思，必在天氣好，及無人交接時行之。蓋神經舒適，頭腦清寧，而吾之神思悠然，義理來集，若不召而至矣。余四十後，大病幾死，余誓願盡力於先聖哲之學，日以此自警，而精神得不墜退。余非無嗜欲者，余唯以強制之力克服之。到難伏時，則自提醒平生誓願所在，而又向所學去找問題，於是而慾念漸伏。余自問，非能自強者，唯在末俗中，差可自慰耳。余感今之人皆漠視先聖賢之學，將反身克己工夫，完全拋卻，徒恃意氣，與淺薄知見作主張。此風不變，天下無勘定理。余視講學之急，在今日更無急於此者。今人只知向外，看得一切不是，卻不肯反求自家不是處，此世亂所以無已也。先聖賢之學，廣大悉備，而一點血脈，只是反求諸己四字。聖學被人蔑棄已久，此點血脈，早

已斷絕。余年踰六十，值茲衰亂，唯念反己工夫切要。汝曹識之。

（參見〈黎滌玄記語〉，《十力語要》卷三，明文出版社，1989年，頁431–434）

　　熊先生幼年聰慧穎悟，在極艱難的環境中，立定志向，一心追求最為緊要、也是最為深刻的學問，而且強探力索，堅定不移，終於取得極高的成就，真可以說是「自學」的典範。古人強調「立志」，今人多已不談，甚且看作陳腔爛調，這是很不對的態度，也會造成很不好的影響。

　　熊先生時時提到王船山，可見深嗜船山學說。今天仍有人舉王船山為強調種族的民族主義者，與重視文化的民族主義作區隔，我個人從來就不贊成此說法，也是受到熊先生的啟發。同書中記有：

　　清季學人，都提倡王船山民族主義，革命之成也，船山先生影響極大。然船山民族思想，確不是狹隘的種界觀念，他卻純從文化上著眼，以為中夏文化是最高尚的，是人道之所以別於禽獸的，故痛心於五胡、遼、金、元、清底暴力摧殘。他這個意思，要把他底全書融會得來，便見他字字是淚痕。然而近人表章他底民族主義者，似都看做是狹隘的種界觀念，未免妄猜了他也。他實不是這般小民族的鄙見。須知，中夏民族元來沒有狹隘自私的種界觀念，這個觀念，是不合人道，而違背真理，且阻礙進化的思想，正是船山先生所痛恨的。（〈高贊非記語〉，卷四，頁541）

「要把他底全書融會得來，便見他字字是淚痕」，寫得真好，我們應該細細體會。只有像熊先生這樣的深度閱讀，才能達到這樣的境界，方才能夠理解以及感受船山先生的心靈。

郭廷以——〈曾國藩總制東南〉

一本書是不是值得讀，不能只看書名，那是很靠不住的。至少要看看作者，如果是著名的人物，這本書大概不會差，應該可以一讀。所以，一本書是否值得讀，甚至值得買，最好的方法是聽聽別人的意見，聽到有人說：「這真是一本好書，讀了真有收穫。」那就表示很值得買，至少可以找一本來，先讀一讀。我們不能只因為書名、裝幀、紙張、字型等一本書的外在形式而讀它，買來作為裝飾，那是另一回事。

有些書的書名很謙虛，譬如說稱之為什麼稿，好像還沒寫成定本似的。譬如陳寅恪的《隋唐制度淵源略論稿》，又是「略論」，又是「稿」，千萬不要小看，那可是近代史學上的一本名著。還有些書稱之為什麼綱，好像很簡單，只講大意似的，那可不一定，往往是很好的書也叫什麼「綱」的。英國歷史家威爾斯 (H. G. Wells) 就寫過 *The Outline of History*，中文的書名是《世界史綱》，早年由梁任公的兩個兒子，思成與思永參與譯成中文，就是一本風行全球、讀者無數的名著。清華出身，任公高弟的張蔭麟，撰有《中國史綱》，儘管沒有寫完，只有〈上古篇〉，也是評價很高的一本名著。這裡我要介紹的，是我要說「這真是一本好書，讀了真有收穫」的書，也有一個「綱」字，即《近代中國史綱》（香港中文大學，1986 年三版）。但是，不少帶有「綱」字的書，並非如此，像是柏楊的《中國人史綱》就是一本學術水準欠佳，不值得仔細研讀的書。主要的

原因是，柏楊雖然文筆犀利，卻不是一位歷史家，他不知道歷史是一種怎樣的知識，也不知道歷史研究需要經過怎樣的程序和運用怎樣的方法。

《近代中國史綱》著者郭廷以 (1904–1975)，是國際知名的中國近代史學者，曾任臺灣師範大學文學院院長，創辦中央研究院的近代史研究所並擔任所長，也是中央研究院的院士。讓我們看看郭先生怎樣寫歷史，這裡我不是很刻意地選了他寫曾國藩的一段，像這一段文字的寫法，幾乎開卷即是，我覺得十分精彩。

曾國藩總制東南

湘軍之未能乘天京內亂的有利時機，於奪回武漢之後，全力推進，不全由於力不從心，而是滿人對漢人的缺乏信任。湘軍初次克服武漢，某大臣反說曾國藩以匹夫崛起，從者萬餘，恐非國家之福，咸豐為之色變。曾的責任甚重，而權力有限，僅有一「欽差兵部右侍郎」虛銜。一八五七年三月，因父喪，奏請終制，頗有就此引退之意。七月，再請開缺，並瀝陳歷年辦事艱難竭蹶情形。一為對所部官兵僅能奏保官階，不能挑補實缺，事權不如提督、總兵。二為籌餉須經地方官之手，與督撫有客主之分，難以呼應靈通。三為奉命統兵未見明旨，時有譏議，所用木印關防，時常更換，州縣往往疑為偽造，號令難於取信。清廷竟准其所請。

曾國藩家居年餘，一八五八年，以石達開糾合江西太平軍東進，始再被起用，先命援浙江，繼命援福建。復命前往四川，最後，改援安徽，牽制上海太平軍，好讓和春獨收克復天

京之功。一八五九年至一八六〇年間，曾國藩與太平軍英王陳玉成劇戰於安慶附近，歷時三月，所恃的是湖北巡撫胡林翼的支援。

江南大營二次崩潰之時，曾國藩、胡林翼、左宗棠正在安徽宿松會商全局。左宗棠說：「天意其有轉機乎？江南大營將驕兵疲，豈足討賊？得此一番洗蕩，後來者庶可以措手耳。」胡林翼認為「否極而泰，剝極而復」的時期已至，均以和春之兵敗為慶幸。胡料定北京勢必重用湘軍，曾國藩必可取得「督符」、「兵符」，結果只是要他迅速東援，不免沮喪。及蘇州失守，清廷環顧宇內，將帥之能，兵勇之眾，以湖南為最，除仰仗湘軍外，無別途可循。一八六〇年六月，命曾國藩署理兩江總督，又兩月，實授，並命為欽差大臣督辦江南軍務，所有大江南北水陸各軍，均歸節制。從此他可以「破格請將，放膽添兵，」湖南集團滿意了，湘軍名符其實代替了綠營。

為進兵東南，曾國藩移駐皖南祁門，留軍續攻安慶，以為將來克復金陵張本。不久英法進軍北京，詔令北援，對他又是一個難題。他雖曾有此請，似非出於真誠。他對曾國荃說：「北援不必多兵，即吾與潤帥（胡林翼）二人中有一人，遠赴行在，奔問官守，則君臣之義明，將帥之識著，有濟無濟，聽之而已。」又對胡林翼說：「天下有理有勢，保江西、兩湖三省，勢也。吾輩就目前之職位，求不違乎勢，而不甚悖此理。」也就是說，無論如何以鞏固現疆土為第一，北援僅是一種姿態。

（頁 115–116）

讀完了，請想一下兩個問題：一是這段文字主要講的是什

麼事？二是這段文字中最重要的是哪一句話？我覺得，這段文字主要是談曾國藩如何掌握到了實權，而最為重要的一句話也就是「湘軍名符其實代替了綠營」。不知您是否同意？

　　這一段文字是全書第三章「內部動亂（上）」第三節「傳統勢力的對抗」中的第五小節，也是最後一小節。前四小節分別是一、曾國藩的領導，二、湘軍東征，三、天京內變，四、太平軍的重振。每一小節的寫法與這一小節相似，都很精彩。湘軍組成，面對的情勢十分險峻，曾國藩、胡林翼努力以赴，也是有勝有負。由於太平軍內部發生變亂，石達開出走，情勢一度有利於清軍；但洪仁玕到了天京，頗受洪秀全信任，他又重用陳玉成與李秀成，擊破腐敗不堪的江南大營，情勢又為之一變。著者把曲折複雜、緊張驚險的情勢發展，作了十分透闢的描述。

　　何以說這樣的寫法很精彩？郭先生不是講一些表面的現象，而是深入分析當時情勢。「深入」到什麼程度？深入到人們的心裡，探討當時人是怎樣看情勢的發展。重要的是，這些對於人們心理的分析探討，都是有其資料的依據，有的是明白引用原文，如曾國藩、胡林翼、左宗棠等人的講話；有的則摘其大意，加以改寫，如第一段後面曾國藩辭官的三項理由。

　　清廷始終對曾國藩不放心，也始終不想重用曾國藩，但是，最後還是非要用他不可，原因何在？左宗棠說，天意有了轉機。是這樣嗎？恐怕不是，因為左宗棠接著說到江南大營「將蹇兵疲，豈足討賊」，就把原因清楚交待了。清人之重用曾國藩，真正原因就是著者所述「除仰仗湘軍外，無別途可循」。曾國藩怎麼對清廷呢？英法聯軍進入北京，詔令北援，

曾國藩的處理方式即可反映，他是經過一番思考，既保存自己的實力，又不貽人不忠的口實，就是勢與理的兼顧。這些都是進入人們心裡所作的分析，都是發揮了歷史家「神入」的功夫，才能做得好，才能讓人感到歷史的迷人之處，以及閱讀史書的樂趣。

郭廷以先生用什麼態度和方法撰寫此書？書後，他的夫人李心顏女士有一小記，略述其事，亦大有一讀之價值。李女士述及此書是郭先生退休後，分別在夏威夷、哈佛、哥倫比亞三所大學撰寫。於 1969 年開始，1974 年最後一章定稿完成，兩日後，郭先生去世。茲抄錄其中兩小段於下，以為結束。

先夫來美三年，三易其地，暮年寄寓海外，相當辛苦。先夫性情積極而認真，尤重諾言，每次遷移，略作安頓，不是跑圖書館，搜集資料，便是晨昏伏案，埋頭寫作。每一細目，參考查證，從不苟且，遇有問題，廢寢忘食，縱橫參證，直至問題圓滿解決時，喜形於色，這時我為他的喜悅也鬆一口氣；有時我也充當下手，做些謄錄整理工作，一桌二椅，對坐工作，每至深夜。……

有時他與友好閒談，常說歷史是一門鄭重的學問，一涉偏私，貽誤後人，並說寫現代史更是著筆不易，他既無驚人之筆，更不敢妄加私見，僅能就所知道的點點滴滴，平實的寫出來，作個交代，以就正於同輩後輩。這幾句話正足以代表他的個性與治學態度。（頁 783-784）

張蔭麟——墨子的思想，理智的明燈

　　一位清華學校的學生，下午五點鐘，全校學生都應該在運動場跑步打球、活動筋骨，他還是設法躲在圖書館裡，或校園一角，讀著自己喜歡的書。梁任公（啟超）老師的課，他仔細聽講，並不完全接受，覺得可以商榷的地方，直接寫信給梁老師，表達他的看法，梁老師也在課堂公開答覆。

　　他喜歡文學，讀了很多古文和詩、詞，喜歡上吳宓老師的「翻譯」課，有了詩作，就請吳老師修改，很得到吳老師的讚賞。清華畢業，依例留學美國，他為了供給弟弟讀書，選了生活費用比較便宜的西岸，進了史丹福大學，修讀了許多哲學課程。他不想當哲學家，他的志業是史學，特別是國史研究，而修習哲學，則是為史學研究奠定深厚的基礎。他在美國四年，得了學士和碩士學位，回國在母校清華大學的歷史系和哲學系任教，同時在北京大學兼了一門歷史哲學的課。不到兩年，他應某機關之聘，編寫高中歷史教科書，於是向清華請假，專心於這件工作。

　　七七事變，全面抗戰，他轉徙各地，接連待過長沙、昆明、重慶、遵義等地。他與妻子的感情不很融洽，家庭生活不愉快，寫作習慣又不好，他每寫一篇文章，總是幾個晚上不睡覺，文章寫完就大睡幾天、大吃幾頓。再加上工作環境一直不很滿意，心情經常鬱悶，不到四十歲就過世了。他寫的那本「教科書」並未完成，只到東漢，就以《中國上古史綱》或

《中國史綱（上古篇）》的名義刊行，當然它已經不是一本教
科書，也沒有任何高中用它作為歷史課本。

他是張蔭麟 (1905-1942)，廣東東莞人。

很長的一段時間，國中三年級上學期國文的第一課〈孔子
的人格〉，就取自張著《中國史綱（上古篇）》。所以，幾乎年
紀稍大的臺灣學生都知道張蔭麟這個名字，只是對他的認識限
於國文課本上介紹作者的那三、四行，當然，讀過、考過，也
就忘了。

張蔭麟的書，一直在印行，不論臺灣或大陸，都有多種版
本。七、八十年的時間過去了，這本書卻歷久彌新，仍然受到
讀者的喜歡。為什麼？內容好、文字好之外，讀了受到感動，
應該是重要的因素。就讓我們讀一段吧。

在世界史上，墨子首先拿理智的明燈向人世作徹底的探
照；首先替人類的共同生活作合理的新規畫。他發現當前的社
會充滿了矛盾、愚昧，和自討的苦惱。他覺得諸夏的文明實在
沒有多少值得驕傲的地方。他覺得大部分所謂禮義，較之從前
輆沐（在越東，大約今浙江濱海一帶）國人把初生的長子支解
而食以求「宜弟」，及以新孀的祖母為接近不得的「鬼妻」而
拋去不養等類習俗，實在是五十步之笑百步。看看諸夏的禮義
是怎樣的！為什麼殘殺一個人是死罪，另一方面，在侵略的戰
爭中殘殺成千成萬的人卻被獎賞，甚至受歌頌？為什麼攘奪別
人的珠玉以至雞犬的叫做盜賊，而攘奪別人的城邑國家的卻叫
做元勳？為什麼大多數的人民應當縮衣節食，甚至死於飢寒，
以供統治者窮奢極欲的享樂？為什麼一個人群統治權應當交給

一家族世世掌握，不管他的子孫怎樣愚蠢兇殘？為什麼一個貴人死了要把幾十百的活人殺了陪葬？為什麼一條死屍的打發要弄到貴室匱之，庶人傾家？為什麼一個人死了，他的子孫得在三年內做到或裝成「哀毀骨立」的樣子，叫做守喪？總之一切道德禮俗，一切社會制度，應當為的是什麼？說也奇怪，這個人人的切身問題，自從我國有了文字記錄以來，經過至少一二千年的漫漫長夜，到了墨子才把他鮮明地，斬截地，強聒不舍地提出，墨子死後不久，這問題又埋葬在二千多年的漫漫長夜中，到最近才再被掘起！

　　墨子的答案是很簡單的，一切道德禮俗，一切社會制度應當是為著「天下之大利」，而不是一小階級，一國家的私利。什麼是天下的大利呢？墨子以為這只是全天下人都能安生遂生，繼續繁殖，更具體地說，都能足食足衣，結婚育子。目前全天下人都能做到這一步了嗎？不能。那麼，墨子以為我們首先要用全力去做到這一步。至於這一步做到後怎辦，墨子是沒閒心去計及的。在做到這一步之前，任何人的享受，若超過遂生傳種的最低限度需求，便是掠奪。「先天下之樂而樂」乃是罪惡。所以墨子和他的門徒實行極端的勤勞和節約。他們拿傳說中沐雨櫛風，為民治水，弄到腿上的毛都脫盡的大禹做榜樣。他們的居室，茅茨不剪，木椽不斲；他們用土簋土碗，食藜藿的羹，和極粗的高粱飯；他們的衣服，夏用葛布，冬用鹿皮，結束得同囚犯一樣。他們說，非如此夠不上禹道，夠不上做墨者。按照墨子所找出的一切社會制度的道德根據，好些舊日大家所默認的社會情形，其有無存在的理由，是不煩思索的。侵略的戰爭是違反「天下之大利」的，所以墨子提倡「非

攻」；統治階級的獨樂是違反「天下之大利」的，所以墨子提倡「節用」；厚葬久喪是違反「天下之大利」的，所以墨子提倡桐棺三寸，「服喪三日」的禮制。王侯世襲和貴族世官世祿是違反「天下之大利」的，所以墨子設想一個合理的社會，在其中，大家選舉全天下最賢的人做天子；天子又選些次賢的人做自己的輔佐；因為「天下……博大，遠國異土之民是非利害之辨不可一二而明知」，天子又將天下劃分為萬國，選各國中最賢的人做國君；國以下有「里」，里以下有「鄉」；里長鄉長各由國君選里中鄉中最賢的人充任；鄉長既是鄉中最賢的，那麼全鄉的人不獨應當服從他的命令，並且得依著他的意志以為是非毀譽；等而上之，全天下人的是非毀譽都得依著天子的意志。如此則輿論和政令符合，整個社會像一副抹了油的機器，按著同一的方向活動。這便是墨子所謂「上同」。

（參見《中國史綱（上古篇）》，正中書局，1960年，頁128-130）

　　第一句是意境高遠的總結性話語，「替人類的共同生活作合理的新規畫」，這真是偉大的思想家才會有的抱負。墨子的這番抱負，來自他對社會生活的認識，此一認識又來自他提出的一連串問題，而且都是人人切身相關的問題，加以思索方才得到的。張蔭麟切入的角度很高明，顯然經過一番設計，避免了刻板的敘述，而是把讀者帶入思維的情境，大家一起來想，這些切身的問題應該怎麼回答呢？會導致怎樣的答案呢？最後的地方筆鋒一轉，說道這個問題是有歷史以來，經過了長長的二千年，方由墨子提出；然而，這個問題又被掩埋了長長的二

千年，「到最近才再被掘起。」讀到這裡，我們一定會想，這幾個字到底指何而言？我想，有可能是，清末民初墨學的復興跡象，從孫詒讓的《墨子閒詁》以來，學界出版了不少關於墨學的論著；但更可能的是，民國初年，社會主義的觀念與學說受到人們的普遍注意，社會上廣大的貧苦大眾成了知識分子關懷的重點所在。據他的清華同學，著名的哲學家賀麟所寫〈我所認識的蔭麟〉一文，他到美國讀書後，「思想上贊成一種近似英國費邊式的社會主義 (Fabian Socialism)。他站在文士學者的超然立場，儘量鼓吹改善貧苦階級的經濟生活。這時他頗有社會改革家的懷抱。」這種社會主義的關懷，在這篇文字中不時湧現，也是最為感人之處。

　　墨子的答案只有一句話：「天下之大利」。天下的大利是全天下的人都能足食足衣，結婚育子。這是墨子思想的核心，也由此引發出「非攻」、「節用」、「上同」等十分明確的觀念，清清楚楚、切切實實，完全站在一般平民大眾的立場，一點都不難懂，而且可以付諸實行。張蔭麟僅僅用了很有限的篇幅，把墨子的學說作了精要的、生動的解說。

　　我們知道，墨家曾與儒家並稱顯學，此後，儒學逐漸興盛，墨學卻不再傳續。墨學不傳，原因很多，功利傾向過重，應是學說本身的缺陷，也是不傳的重要因素。我們儘管欣賞張蔭麟對墨子的肯定與讚揚，仍應把墨學放在思想學說史上的適當位置。不過，張蔭麟寫出了這麼精彩的文字，我們應該問問：他是怎麼做到的？我想，張蔭麟的哲學素養和文學根底，應是寫出漂亮文章的重要淵源，而哲學的素養可能尤勝於文學的根底。張蔭麟去世後，熊十力寫了一篇悼念的短文，就史學

與哲學的關係有所闡釋，感懷尤深。茲錄於下，以為結束。

　　吾國古之治哲學者，必精史學。宣聖開千古哲學之宗，而亦千古史家之大祖。司馬談父子，本史家，而論六家恉要，則又深於哲學矣。夫哲學者，究天人之故，窮造化之原。而以不忘經世者為是。印度佛家哲學思想，雖高深玄妙，而卒歸於宗教，以出世為靳向。故印度人於歷史特缺乏。民族式微，有以也。吾國先哲，於史學、哲學，嘗兼治而賅備之；究玄而基於綜事，窮理而可以致用，探微而察於群變，極玄而體之人倫，廣大而不遺斯世。環球立國之古，族類之蕃衍，文化之高尚，無逾於我皇漢者，學術之所繫，豈不重歟。張蔭麟先生，史學家也，亦哲學家也。其宏博之思，蘊諸中而尚未及闡發者，吾固無從深悉。然其為學，規模宏遠。不守一家言，則時賢之所夙推而共譽也。蔭麟方在盛年，神解卓特，胸懷沖曠，與人無城府，而一相見以心。使天假之年，縱其所至，則其融哲史兩方面，而特闢一境地，恢前業而開方來，非蔭麟其誰屬乎。惜哉，其數遽止於此也。今之言哲學者，或忽視史學。業史者，或詆哲學以玄虛。二者皆病。昔明季諸子，無不兼精哲史兩方面者。吾因蔭麟先生之歿，而深有慨乎其規模或遂莫有繼之者也。故略書吾意，以質諸當世。

（出自〈哲學與史學——悼張蔭麟先生〉，《思想與時代》第十八期，1943 年 1 月。可參見《張蔭麟先生文集》上冊，九思出版社，1977 年，頁 3）

張蔭麟——北宋變法與王安石

一位現代史家寫的書，內容豐富，文字優美，會有一代接著一代的讀者捧著閱讀。張蔭麟的《中國史綱》就是這樣的一本書，雖然只寫到東漢，又出版於八十年前，但今天還有若干書局繼續發行，可見仍然深受人們的喜歡。

此書止於東漢，是有違作者心願的，隨著自己研究的開展，也會順手寫些草稿之類，為這部書的後續部分，預做準備。我想，民國30年發表於《思想與時代》月刊第五期的〈北宋的外患與變法〉一文，就是這樣寫出來的。我們很容易讀到《中國史綱》，卻較難見到這篇文章，就讓我選擇其中最後的部分，抄錄於下，與您共享。

仁宗在位四十二年，無子，以從姪繼，是為英宗。英宗在位四年，其子繼，是為神宗。

神宗即位時纔二十歲（以足歲計還未滿十九）。他做皇子時，謙恭好學，優禮賓師，很得士林的稱譽。他是感覺異常敏銳的人。他即位之初，和朝臣談到太宗的死狀，至於墮淚。他立志要興振中國，收復燕雲的失地，湔雪祖宗的恥辱。以稚年臨御，承積弱之後，而發奮圖強，在這一點上，他和漢武帝正相符同（他即位時比武帝長三四歲）。他一生的事業也似乎隱隱以武帝為榜樣。但他的福命不如武帝：武帝壽六十九，他壽僅三十八。他所處的時代也和武帝所處的大不相同。武帝初

年，當長期休息之後，公家的財力綽裕盈溢；而神宗即位時，不獨府庫虛竭，國計也瀕於入不敷出了。武帝承景帝深文酷法，繁刑嚴誅的餘風，其時主威赫鑠，法為國是，令出必行；而宋太祖「誓不殺大臣及言事官」的家法，和真仁兩朝過度的寬柔，寖假造成政治上一種變態的離心力；以敵視當權為勇敢，以反對法令為高超，以言事得罪為無上的光榮。政府每有什麼出乎故常的施為，必遭受四方八面尋瑕抵隙的攻擊，直至它被打消為止。范仲淹的改革就在這樣的空氣裡失敗的。英宗朝因為追尊皇帝的生父的名號的小小問題（即所謂「濮議」，英宗本生父原為濮王），筆舌的戰爭就鬧得天翻地覆。到神宗即位時這種政治上變態的離心力久已積重難反了。再者漢初去春秋戰國「軍事中心」的時代不久，尚武之風未泯，右文之政未興，故將材易求，鬥士易得，圖強易效。宋初懲五季軍人恣橫之弊，一意崇文抑武，三衙（注：軍事部門）實際的長官爵不過四品至六品，唐朝的武舉制度也廢而不行，軍為世賤，士恥言兵，結果良將勇士，兩皆寥落，神宗朝重大的戰役多委之宦者李憲，其時軍事人材的缺乏可想見了。

　　神宗做皇子時對王安石久已心儀神往。他即位時，安石方以前知制誥的資格，閒住在金陵。他正月即位，閏三月便命安石知江寧府，九月便命安石為翰林學士；其後三年間，安石遂歷參知政事而至宰相。這王安石是江南西路臨川縣人。其父歷知韶州及江寧府通判。他少年時代的優裕順適和范仲淹恰成對照。據說他的「眼睛如龍」，讀書過目不忘。他二十四歲便登進士第，本取第一，因賦卷中語犯忌諱改置第四。可是他一生從沒有和人談及這件得意的失意事。他的詩文在文學史上都屬

第一流，並且為當代文宗歐陽修深所心折。歐初識他時，贈他的詩有「翰林風月三千首，吏部文章二百年」之句，直以李白韓愈相擬。他不獨以文名，德行、政事，也無不為儕輩所推服。他官知制誥時，他的夫人給他買了一個妾，那是當時達官應有的事。安石見了她，就問：「哪裡來的女子?」答道：「夫人叫我來侍候舍人的」。問她的來歷：原來她的丈夫是一個軍校，因運米損失，家產入官，還不夠賠，便把她賣掉，得價九十萬錢。安石立即命人把她的丈夫找來，讓他們復為夫婦。他官知制誥後，居母喪，年已四十餘，卻盡極哀毀，在廳堂裡以槀枯席地，坐臥其上。有一天，某知府給他送一封信，那差人看了他的樣子，只當他是一個老僕，叫他遞入內宅。他在槀席上拿了信就拆。那差人嘆罵道：「舍人的信，院子也拆得的麼?」左右告訴差人那就是舍人! 他於書卷外，一切嗜欲都異常淡薄，對衣食住都漠不關心。後來毀他的人便說他是「囚首垢面而談詩書」。他於榮祿也未曾表現過一點興趣。宋朝的「養館職」（「三館」是國家的圖書館和史館）是朝廷儲才待用的機關，地位極清高，也是仕宦上進必由之路。照例進士名列前茅的，初仕任滿後可以請求考試館職。他卻不去請求。再經兩任（三年一任）外官之後，大臣薦他去考試館職，他也不赴。再歷一任外官之後，朝廷直接授他館職，他也不就。再經一任外官之後，朝廷又授他以更高的館職，他於屢辭之後，纔勉強俯就。但他不是沒有辦事的才能。他在政治上的好處後來的史家極力埋沒，但我們於他早年的政績還可以找得一例：他知鄞縣任滿後，縣人就給建立生祠。這樣一個德行文章政事的全人，他在仕途也愈懶於進取，朝野的有心人愈盼望他進取。當他給

仁宗上〈萬言書〉的時候他久已聲滿天下。可是到了他由江寧
知府，而翰林學士，而參知政事，而宰相，一直猛跳的時候，
到了天爵和人爵極備於他一身的時候；先進和後進的同僚，包
括那正人君子的領袖司馬光，都不免對他側目而視了。

（參見《張蔭麟先生文集》下冊，九思出版社，1977 年，頁
969–971）

　　我們所錄的是全文第四段，也是最後的部分。這段文字談
兩個主題，一是北宋變法的大背景，另一是介紹王安石其人。
變法的背景，主旨在於說明成事之難，方法是與漢武帝作一比
較，一難一易，立即顯現。

　　張蔭麟首先談及了神宗之時，具備的變革條件有欠充分，
如府庫虛竭，入不敷出；但他主要著眼於人們的觀念與時代的
氣氛，像是「變態的離心力」，以及當時所謂「私罪不可有，
公罪不可無」的風氣，指入仕為官，個人的操守必須經得起檢
驗，但對朝廷的作為要有批評的勇氣，因之獲罪，亦屬光榮。
所以，朝廷只要有所興革，必然引起如潮般的抨擊，改革也就
難以推展，仁宗慶曆年間范仲淹的失敗，主因在此。張氏也提
到了宋代右文抑武的國策，軍事人才無由出人頭地，造成了
「良將勇士，兩皆寥落」的窘況。神宗在此時代風氣下，想要
振興中國，收復燕雲，真是困難之極。

　　相對來看，漢武帝的情況正好相反，即位之時，府庫充
盈，而且承景帝平定七國亂事之後，大權集中朝廷，令出必
行，幾乎無人敢於抗拒。再說，漢初去春秋戰國未遠，尚武之
風仍熾，隴西李氏，外戚衛、霍，皆一時名將，故能撻伐匈

奴，遠通絕域，建立曠世的功業。

　　我們讀到這裡，應該知道，這是張蔭麟先生的看法，是他的解釋，也可以說是他的卓識，但不是把它當成過去事實的描述。張氏寫此文時，正值抗戰最為艱苦的時期，他肯定漢武帝，嚮往漢武帝，把漢武帝當成歷史上應該追慕的典範，有其時代意義。我們應該欣賞張氏所做的對比，精簡俐落，寥寥數語，就把兩個時代十分不同的心態與氛圍，清楚地呈現在我們的眼前，讓我們對於北宋時期王安石主導的熙寧變法，在揭開帷幕之初，看到了舞臺的布景，也感受到它所呈現的特有氣氛。

　　王安石的出場，張蔭麟怎麼寫呢？我們可以好好觀看一番。張氏舉出王安石的人格特質有二，一是淡薄名利，對於榮祿全無興趣；二是雅好讀書，幾乎沒有其他嗜欲。前者是他入仕不求進取，美官一辭再辭；後者則是說他「眼睛如龍」，讀書過目不忘。但是，頗佔篇幅，也是撰者最為著意的，卻是兩個小故事，兩個幾乎無關緊要的「細節」。一是他讓夫人買來的小妾回家團聚，另一則是他已居朝廷高位，守制之時的表現。我相信，撰者選取這兩個小故事，呈現王安石的人格特質，其中應有深意。

　　王安石於書，泛觀博覽，無所不讀，但最服膺孟子；且秉承宋代士人的自覺精神，一心一意將古代聖王的理想，落實於現今社會，這也是他力主改革變法的驅動力量。古代先王的理想社會，是一個均平的社會，也是一個人人受到尊重的社會；一個女子因故賣身為妾，一個高官與僕從截然劃分，都不是均平社會應有的事。三代之後，兼併盛行，形成不平等的社會，

他執意變法，就是力圖扭轉，回到三代先王之時的天下寧安。他希望神宗也有這樣的理念，以堯舜為鵠的，他如契、如皋、如夔的輔佐，畢其功於一役。當然，他的理想，陳義太高，落實為難，也就埋下了變法失敗的伏筆，但後人只要談到王荊公，無不對他的高遠理想與卓絕志節，欽慕不已。

最後我想錄兩首荊公的詩句，作為張蔭麟所述荊公人格特質的印證。

「先王有經制，頒賚上所行。後世不復古，貧窮主兼并。非民獨如此，為國賴以成。築臺尊寡婦，入粟至公卿。我嘗不忍此，願見井地平。……」（〈發廩〉）在這些詩句中，我們可以看出，王安石認為先王之時與兼併之世截然不同，並對富不欺貧，強不凌弱的均平社會，充滿嚮往。

「何處難忘酒，君臣會合時。深堂拱堯舜，密席坐皋夔。和氣襲萬物，歡聲連四夷。此時無一盞，真負〈鹿鳴〉詩。」〈何處難忘酒〉這首詩呈現了他的政治理想，如同先王之時，君為堯舜，臣皆皋夔，必能物卓年豐，天下太平。

劉子健——背海立國的南宋

　　學生學歷史，不是要成為歷史家，卻不可不知道歷史家的工作。因為我們學歷史，不是去記誦過去發生的事情，而是要知道過去是如何為我們所理解，這正是歷史家的工作。歷史家的工作，可以稱之為「史學方法」，許多大學的歷史系都開設「史學方法」的課程，專門講述研究歷史的方法，也就是歷史家的工作。這樣看來，高中學生想要多知道一點歷史家的工作，或研究過去的方法，不妨等到上了大學再去上這門課，或買這方面的書來讀。但是，我們又常聽到歷史家說「史無定法」，意思是歷史沒有一個固定的方法，歷史學的方法，或歷史家的工作，都是跟著他要探討的題目，題目不同，方法有異。所以，要想理解過去，並沒有一把可以打開「理解過去之門」的，叫著「史學方法」的鑰匙。這樣說來，要想知道歷史家的工作，就不是上一門課，或讀一本書，即能奏效；而是不妨多看看歷史家自己怎麼說他們的工作，不同的歷史家，研究著不同的題目，他們的說法就會有各種不同的面貌。有些我們高中生看得懂，有些看不大懂，沒有關係，多看多思考，日積月累，不知不覺，就會對歷史家的工作有了概括的了解，自己在思考問題方面，也會有一些明顯的進步。

　　劉子健先生 (1919–1993)，撰有〈背海立國與半壁山河的長期穩定〉一文（載《兩宋史研究彙編》，臺北：聯經，1987年），講述南宋的建立與特色。我們讀到這篇文章的標題，就

眼睛一亮，稍加瀏覽，是談南宋的，印象更為深刻，這三個語詞就把南宋在歷史上的特點呈現了出來。我們想進一步知道劉先生是怎麼說的，請讀本文的第一段：

把北宋算做一代，這是沿襲西漢東漢西晉東晉的先例。這種分法，在基本上說，是以一姓王朝做單位。放寬一點說，也太偏重政治，尤其是偏重中央政府。而因此忽略了其他方面，特別是地理軍事和經濟。再進一步說，地理軍事和經濟又必然影響到政治。所以南宋儘管是中興，可是它的政治另有它的特色，和北宋不同。

在經濟方面，許多學者已經提出充分的證明。五代時期，長江流域已經繁盛。經過北宋，全國的經濟重心，已經從黃河流域逐漸轉移到江南，北宋末，南宋初，已經有話。一說是「蘇湖熟，天下足」。另一說是「蘇杭熟，天下足」。後代又常以常州代替湖州或杭州的地位。總之是太湖流域。這一區域，不但是因為水利灌溉農種農具的改善，因此食物產量特別高，而且還有絲麻茶竹等各類的農產品。在物產豐富的基礎上，工藝生產也是全國第一。內陸的水路，沿江、沿海的運輸，更促進貿易的躍進和城市的擴展。從這方面看來，南宋是退守到最強的經濟基地。金人兩次進攻太湖區域，都沒成功。

不過光從經濟地理的轉移來看，南宋也還不算太特別。南北朝的南朝，五代時期的南唐，也是靠太湖區域做基地。其實在南宋的時候，政治地理的轉移，比經濟還重要。它不僅是太湖基地，而是以整個東南靠海地區做根本，來控制從長江北岸以南，一直到廣東廣西，這樣大的一個帝國。這一點——用靠

海地區做根本——是中國歷史上，在近代以前，所絕無僅有的。同時，對於南宋當時若干政治上的措施，有決定性的影響。……

背海立國，也就是說背海面陸。我們印象中的地圖，都是居南望北。討論南宋，需要把地圖往右扭轉九十度，從海上往內陸看。杭州是中心。一面有海上的退路，一面有長江下流和太湖區域的富庶，還有一面是浙東山區的屏障，它的確具備最優越的條件。從國都杭州看來，南宋的基本地帶是現代的江蘇和安徽的南部，浙江和福建。當時人就說：「兩浙畿內，福建江東為近畿」。而官吏則「惟欲官於東南」。（頁 22–25）

劉子健先生，清華大學政治系畢業，燕京大學歷史系碩士，美國匹茲堡大學博士。歷任匹茲堡大學、史丹福大學、普林斯頓大學教授。發表的中英文論著甚多，在宋史研究方面貢獻很大，是一位享譽國際的歷史學家。民國 63 年，劉先生來南港中央研究院歷史語言研究所訪問半年，並在臺大歷史系兼了一門課程，我當時是四年級學生，非但上課，而且受到劉先生課外的教誨，也讓我走上了學習宋史的道路。當時讀劉先生所著《歐陽修的治學與從政》一書，深深受到吸引，覺得史學著作竟然可以如此生動有趣，又讓讀者認識了史學的方法，增長了史事的知識，甚為佩服。我在大學教書時，〈背海立國與半壁山河的長期穩定〉就列入通識課程「中國通史」的必讀書目，學生很喜歡，好幾位學生說，讀這篇二十頁的文章，一點都不覺得累，讀著讀著就讀完了，頗有意猶未竟之感。1984 年，在劉先生的接洽奔走下，兩岸宋史學者共同參加香港中文

大學主辦的研討會，我有幸參與，得以拜見鄧廣銘、陳樂素、
漆俠等引領大陸宋史研究的學界大老，瞻仰前輩風采，至感興
奮。此後多次參加兩岸舉辦的宋史盛會，向同道請益，收穫至
豐。只是劉先生因健康因素，已鮮少出席。記得有一次陪劉先
生參觀臺北故宮博物院，我說：「老師，〈背海立國半壁山河〉
這樣既有學術性，又有可讀性的文章，臺灣的大學生很喜歡，
您是否可以多寫幾篇？」他答道：「我也喜歡寫啊！只是發表這
篇文章的《中國學人》（香港中大出版）停刊後，寫了也無處
登載啊！」我還記得劉先生雙手一攤的落寞表情，精研宋史卻
又不忘普及的劉先生，已過世多年了。

　　我們所選的是正文的第一段，在它之前還有一篇「前言」，
劉先生把今天從事歷史研究，應該持有怎樣的態度，以及實際
工作時，應該注意哪些地方，提出了他的看法與主張，作了清
楚的陳述，很值得一讀，亦錄於下：

　　各種學術都在躍進，歷史的研究是怎樣往前推動？除了偶
然有新史料的發現之外，我們只能在現存的書籍的範圍以內做
工作。有一種工作是考訂和整理。另外一種工作就是從多方面
去看，提出新的分析，新的綜合。這種新觀點一定對嗎？已經
有了幾百年相傳的史學，尤其乾隆嘉慶年間深厚的造詣，再加
上近幾十年來中國日本和西方史學家的成就，為什麼還需要另
闢門徑呢？事實上前人的看法，並不一定錯。可是也有從前時
代的限制。從多方面去看，基本上不是對錯的問題，而是說看
法愈多，對歷史的了解累積起來也愈廣愈深。古語所謂「苟日
新，又日新」。既不是新陳代謝，也不是推陳出新。而是說由

舊生新，自強不息。這種態度很適用於史學。對於以往的成果，章學誠說得對，「臨史必敬」。可是我們自己更有責任在已經建立的基礎上，再增加一些新的方面。

　　歷史多麼龐雜。不要說一部二十四史從何說起，無論那個時代，都是錯綜繁複，說來話長。因此從多方面去做新分析工作，又可以分為兩類。一類是確定很具體的範圍，做窄而深的研究。這類研究做得好，可以由小見大，幫助對於整個時代的了解。萬一範圍太小，或者忽略了當時的大勢，卻又難免窄而瑣。功力雖久，成果有限。彷彿數清了幾棵樹木，卻無從看到森林的形勢。另一類的工作是從大方面來看，作廣泛的分析。這樣做法，很容易有缺陷。一則籠統，難免錯誤。更糟的是掛一漏萬，大而無當。雖然如此，廣泛的分析還是有用處的。因為它有刺激作用，可以推動其它的研究，再去仔細審查，這些方面究竟是怎麼回事。所以這類的分析，一定要謹守兩個限制，第一，它是建議性的看法，不是定論。第二，從大處著眼，希望提出一些新刺激。並不需要寫太多，簡論就夠了。在不久的將來，一定會被修正充實。歷史的研究，就可以不斷的生長。（頁 21-22）

　　我們讀這段文字時，如果能在「從多方面去看，提出新的分析，新的綜合。」「看法愈多，對歷史的了解累積起來也愈廣愈深。」「確定很具體的範圍，做窄而深的研究。」「從大方面來看，作廣泛的分析」以及「這類的分析一定要謹守兩個限制，第一，它是建議性的看法，不是定論。第二，從大處著眼，希望提出一些新刺激。」這些字句的下面畫上線，可以說是已經掌握了這篇文字的重要概念了。

何兆武——歷史是科學嗎?

「歷史」是什麼? 這個問題很難說得清楚, 一、兩句話只能提及一個簡單的概念, 當然是不夠的, 那麼要用多少話語能夠把大概的意思說清楚呢? 我想二十頁應該是合理的數目, 二十頁不算多, 也不少了, 應該可以把一個重要的問題作一個概略的陳述了。有沒有二十頁左右的文章, 把「歷史」是什麼交待得清清楚楚? 我想一定有的, 我覺得何兆武先生 (1921-   ) 在《歷史與歷史學》(香港牛津大學出版社, 1995 年) 一書的〈自序〉, 二十頁左右, 就把歷史是什麼這個問題作了很好的說明, 當然這只是我個人的主觀認定, 我讀書不多, 所知有限, 相信或許有更為妥切的說明, 只是我不知道罷了。

「歷史」是什麼? 開宗明義的第一個問題應是, 「歷史」一詞, 包含兩層意思, 您知道是哪兩層意思嗎? 如果這個問題答不出來, 就很難繼續談下去了, 所以首先就要弄清楚這兩層意思究竟指何而言。何先生的自序中, 第一句話就是:「通常我們所使用的『歷史』一詞包含有兩層意思, 一是指過去發生過的事件, 一是指我們對過去事件的理解和敘述。」就是從這個重要的觀念開始講起, 他是怎麼說的, 請讀原文。我在這裡要選錄的, 是關於「歷史」是不是「科學」的問題, 我們來看看, 何先生是怎麼論述的。

歷史學是科學嗎? 大概這個問題在很多人看來會顯得是多

餘的。因為多年以來人們已經形成了一種根深蒂固的思維定勢，也許可以稱之為唯科學觀點，即一切都應該以科學性為其唯一的準則，一切論斷都需從科學出發，並且以科學為唯一的歸宿。只要一旦被宣佈為「不科學」，這條罪狀就足以把一切理論打翻在地永世不得翻身。歷史學家彷彿理所當然地就應該是科學，完全地而又徹底地。（正有如柏里所聲稱的「歷史學是科學，不多也不少」。）然而，實際情形卻是，歷史學比科學既多了點甚麼，又少了點甚麼，歷史學既有其科學的一面，又有其非科學的一面。歷史家（作為一種人文學科）因為是科學的，所以它不是反科學的；又因為它是非科學的，所以它就不是、或不完全是科學的。恰好這兩個方面的合成，才成其為歷史學。凡是認為歷史學是科學、或應該成為科學的人，於此都可以說是未達一間，正如長期以來我們史學界所表現的那樣。尤其是，有些史家雖然號稱高擎歷史學的科學性這面旗幟，卻沒有認真朝著科學性的方向邁步。現代自然科學和社會科學的各種觀點和方法，中國史學界不但很少有人問津，甚至於顯得是不屑一顧。例如，定量化是每一種科學的必由之徑，可是它在中國史學界研究中的應用尚未真正開始，這方面的研究還談不到有甚麼重大的成果為史學界所普遍重視。

　　正如物質生活史的層次上，中國史學界對自然科學的大多數觀點和方法是絕緣的；在精神生活史的層次上，中國史學界對社會科學、人文科學或精神科學的大多數觀點和方法也大抵是同樣地絕緣。歷史乃是自由人所創造的自由事業，不是大自然先天就規定好了非如此不可的必然。否則的話，人們的「決心」、「努力」、「奮鬥」、「爭取」之類，就變成毫無意義的空話

了。人既然是歷史的主人，是所謂「創造歷史的動力」，他的全部精神能量及其活動（即歷史）就應該成為歷史研究的核心。已往的歷史研究大多只限於表層的記敍，只把歷史現象歸結為某些抽象的詞句或概念，就此止步。但歷史的主人是有血有肉的心靈，而不是抽象概念的化身或體現，歷史研究最後總需觸及人們靈魂深處的幽微，才可能中肯。一個對藝術缺乏感受力的人不可能真正理解藝術。但是不理解一個時代的藝術，又怎麼有可能把握一個時代的精神呢？一個對權力慾盲然無知的人，大概也不大可能很好地理解古代專制帝王以至現代大獨裁者的心態。他儘管知道奧斯維辛和布痕瓦爾德屠殺了多少萬人，但是他還需要能充分解釋（理解）何以法西斯對於異己的人們懷有那麼大的仇恨（並且還煽動了那麼多的德國人）。歷史學家當然不需要親自去體驗那種生活，何況親自體驗歷史也是不可能的事；但是，他必須有能力領會那種精神的實質，而不是停留在字面上。多年來史學界雖然也研究過不少歷史人物，但超越概念而論及他們具體的心靈活動的，仍然十分罕見。對歷史學家而言，看來理論思想的深度和心靈體會的廣度要比史料的積累來得重要的多。史料本身並不能再現或重構歷史，重建歷史的乃是歷史學家的靈魂能力 (Seelensvermögen)。對歷史的理解是以歷史學者對人生的理解為其基礎的。或者說對人生的理解，乃是對歷史理解的前提。對人生有多少理解，就有可能對歷史有多少理解。對於人生一無所知的人，對於歷史也會一無所知；雖說他可以複述許多辭句，但是歷史學乃是一種理解，而決不是以尋章摘句為盡其能事的。（頁 16–18）

　　這段話有點長，又不大容易了解。但我必須說，何先生講得很好，這是很重要的一段話。所以，您不妨再讀一遍，看看是不是很清楚地知道撰者在說些什麼。兩段文字重點不同，前一段主要是討論「歷史」與「科學」之間的關係，撰者不贊同歷史就是科學，正如柏里所說。他說歷史比科學多了一點，也少了一點。這時我們就要想想撰者所說的多了一點，是多了什麼？少了一點，是少了什麼？我想歷史與科學最主要的不同，還是在於對象的不同，科學的對象是自然，歷史的對象是人，由於對象是人，所以多了一點，「歷史乃是自由人所創造的自由事業」，歷史當然不能像科學那樣嚴謹，也就少了一點。接著撰者對高唱歷史是科學的人卻不從科學中尋得研究的工具與方法，提出了一點批評。後一段主要是講歷史與科學以外的「人文學」的關係，這一段的重點則在說明歷史的研究不能只是「表層的記敘」，而是應該「觸及人們靈魂深處的幽微」，他舉了藝術與專制君主為例加以說明。他強調歷史學家「必須有能力領會那種精神的實質，而不是停留在字面上」。所以，最後一句話很重要，告訴我們，歷史學者必須理解人生，必須熱愛人生，這樣才能對歷史有所理解。如果只會收集資料，加以連綴，只是敘述一些事情的表面現象，就像只做一些「尋章摘句」的工作，其意義是甚為有限的。

　　前一段，對於一個重要觀念有所釐清，很要緊；後一段，說明什麼是沒有意義的工作，什麼才是歷史知識的核心；把歷史知識膚淺的一面，和歷史知識深刻的一面，清楚加以區別，讓我們知道歷史知識的性質是什麼，歷史家工作的重點在哪裡，應該是更為要緊的。

這篇文章的最後一句話:「並不是有了活生生的歷史,就會有活生生的歷史學;而是只有有了活生生的歷史學,然後才會有活生生的歷史。」這是非常重要而又精彩的總結,請您體會一下。您說,一時難以體會。那就請您覓來這篇二十頁左右的〈自序〉,好好讀一讀。

我從民國 80 幾年開始,就把這篇文章當作清華大學(新竹)通識教育歷史領域課程「中國歷史的發展與演變」修習學生必讀的第一份資料。絕大多數學生在心得報告中說到受益極大;初讀不大易懂,再讀豁然了解,方知歷史原來是這樣一門知識,是讀了幾年中學歷史課完全沒有認識到的。還有不少學生在期末考卷回答一道「檢討一學期以來學習」的試題,明白地說,這學期收獲最多的,就是讀了何先生這篇二十頁左右的文章。所以,您想要自學一點歷史,還是請您找來這篇文章,細細研讀。如果您有興趣把本書其他文章也讀一讀,當然會有更大的收獲。

何兆武先生,畢業於西南聯合大學,曾任教北京清華大學,現已退休。何先生學識淵博,著、譯甚多,另有《上學記》(木馬文化事業,2011 年)一書,口述讀書求學經歷中值得一記的事,十分精采。

何兆武——歷史主義與史論

我們想知道「歷史」是什麼，就需要讀一些歷史理論的書，在這些書中，我們常會見到「歷史主義」這個名詞。「歷史主義」不只有一個意思，有人這麼說，又有人那麼說，是一個很不容易了解的詞彙。可是我們又常常會見到它，總是應該有一點起碼的認識；所謂「起碼」的意思，就是最為基本的解釋，也是最為一般的說法。只是知道這樣的解釋或說法，顯然是不夠的，但是認識這個名詞卻不妨從這裡開始。

歷史的理論是歷史家建立的，我們只要述及歷史理論，就不可能不從歷史家談起。歷史家對於如何寫歷史，或如何研究過去，有一些主張與看法，這些主張與看法往往也反映了時代的觀念或思潮。他們有的順應主流的思想，深入探究，推陳出新；有的卻從不同的觀點，提出另一種的看法，開啟了嶄新的方向。講到「歷史主義」就要從蘭克 (Leopold von Ranke, 1795–1886) 講起，蘭克可真是歷史學界中享名極高的大人物，除非您從來不知道歷史理論為何物，從來未曾接觸過有關歷史是什麼，應該如何了解歷史；不然，「蘭克」的名號總是不會不知道的。如果蘭克是開啟歷史主義的大宗師，那麼這個思想流派的最後殿軍又是誰呢？答案應是梅尼克 (Friedrich Meinecke, 1862–1954)，他在二次大戰時，反對法西斯，但仍留在德國。二次大戰後，反省這一場人類的大災難，特別是罪魁禍首的德國，於 1946 年寫了一本書，即《德國的浩劫》(Die

Deutsche Katastrophe），這本書不是一部記事的歷史著作，而是一部出之以個人回憶、理解和感受形式的史論，或者說是文化批評。這本書由何兆武先生從德文譯成中文，於 1991 年由北京三聯書店印行，2012 年商務印書館亦印出第一版。何先生在書前寫一〈譯序〉，對梅尼克的史學作了簡要的介紹，談到了「歷史主義」以及「史論」。我就將有關的部分摘選出三段文字，茲錄於下。

　　從蘭克到梅尼克的這段近代德國史學思想的主潮，通常被稱為歷史主義。這種歷史主義已不僅僅是一種歷史學研究的方法或觀點，而且同時還是一種人生哲學、歷史哲學和世界觀。歷史主義，在當時的德國，就意味著要擺脫或者背叛西方兩千年來的「自然律」觀念的支配或束縛。歷史主義者企圖以多樣化的、豐富多彩的、內容上各不相同的具體歷史經驗，來取代認為世界上有著永恒的、絕對的、統一的、唯一的真理那種觀念。在這一基本點上，梅尼克和特羅什是同調；兩位歷史學家都認為，一切歷史研究都是在特定的歷史條件之下進行的，所以就要受到歷史現實的制約，而不可能有脫離具體歷史條件之外或之上的客觀真理或普遍規律。這實際上就取消了普遍的真理或真理的普遍性。於是，歷史上所存在的一切就都只能是特定的、特殊的、個別的、個性化了的存在。此外，並不存在什麼普遍性。……

　　由蘭克奠定的德國歷史學派雖然以史料博洽、考據精詳而聞名，但並非不講究理論思維。不過這個學派理論思維的路數是針對黑格爾學派的路數而發的，並且與之背道而馳。黑格爾

學派認為歷史就是精神通過一系列辯證（黑格爾意義上的辯證）的歷程而展開並實現它自己；反之，歷史主義學派從蘭克到德羅伊森、狄爾泰和梅尼克都認為精神並不體現為一個辯證的過程，而是體現為個別化或個性化的形態。這就是說，歷史是由許多個別的實體所構成的，每個個別實體的本身都有其內在的、獨立的結構和意義，而絕非只是過眼煙雲般的流變過程的一個階段而已。每個個人是個體，每個國家、民族或社會也都是個體，所以他們或它們就都要服從個體化的原則。個體性或個性化的原則並非只是一種單純的現象，它是一種深刻地根植於現實性之中的觀念。……

　　一個歷史學家不但同時也必然是一個思想家，而且還必須首先是一個思想家，然後才有可能談到理解歷史。對歷史理解的高下和深淺，首先取決於歷史學家本人思想的高下和深淺。對歷史的認識和理解，首要的條件並不在於材料的堆積而在於歷史學家本人的思想方式。歷史之所以可能成為人們的知識，乃是由於歷史學家的思想之創造性的勞動的結果；歷史學家本人思想的高度和深度要比其他任何條件都更積極而有效地在形成著人類知識中的歷史構圖。清理史料只不過是機械性的工作，只有歷史學家的思想才能向一大堆斷爛朝報注入活的生命。所以歷史理論和史學理論就成為歷史學中帶有根本意義的一環，而史論的重要性就不亞於歷史著作的本身。
（參見〈梅尼克《德國的浩劫》譯序〉，《歷史理性批判論集》，清華大學出版社，2001 年，頁 682、684、693）

　　三段重點各有不同，您能看得出來嗎？第一段主要介紹歷

史主義的基本特點，第二段講的是歷史主義的哲學觀點，最後一段則強調歷史家思想的重要性。三段都很清楚，內容儘管有一定的深度，但文句清順，表述明白，理解應該不會困難。如果您覺得第二段看不大懂，那可能是因為您第一次接觸黑格爾，所以看不大懂，這是很正常的。多遇到幾次黑格爾，您就知道這段話的意思了。我們在讀這三段文字的時候，要能看到何先生認為梅尼克主張的、贊同的是什麼？不贊同的、反對的又是什麼？以及何先生本人贊同的和不贊同的各是什麼？我們用心稍想一下就會發現，文字之中，兩種相對的概念是十分清晰的。第三段很清楚明白，但意思很重要。因為我們一般都認為歷史工作主要在於勤奮地收集資料，甚至於有「上窮碧落下黃泉，動手動腳找材料」的說法。但是，我還是相信何先生的主張，收集資料，清理資料都是機械性的工作，都需要思想來注入它活的生命，一個歷史家，首先應該是一個思想家。此外，今天很少有人再談「史論」，總認為那是主觀的意見，欠缺足夠的證據與嚴謹的論證，沒有「學術價值」可言。但是，何先生從西方的著作中找到一些史論性質的著作，加以介紹，而且還強調這類著作的重要性，當然也有向國內的史學工作者提醒的意思。何先生在他收錄了近年文章的集子《葦草集》（北京：三聯書店，1999 年）的〈後記〉中，有這麼一段話，請讀一讀：

　　史論應該說是我國悠久的歷史傳統之一，是歷史學的一個重要組成部分，也是史家可以充分馳騁自己思想的廣闊天地。從「太史公曰」、「臣光曰」到王船山的史論隨處可見令人歎服

的精闢見解。史家的洞見全在於其發之於史論的史識。前幾年
曾譯了自由主義大師梅尼克的《德國的浩劫》，最近又譯了貝
克爾 (C. Becker) 的《十八世紀哲學家的天城》，都是意在介紹
不同史家的不同史論以供我國史學界的參考。史料是客觀給定
的、是有限的、對所有人都是一視同仁的；但是人們的思想認
識則是不斷變化或不斷深入的，所以呈現於人們心中的歷史構
圖也就必然隨時不斷地在改變，日新又新。這是歷史學永遠不
斷在更新的原因所在。惜乎多年以來我國史學界在這方面所做
的工作是太少了。

　　我們對於傳統的史論確實忽略得太久了，真的應該拿起來
好好地讀一讀，許多的嚴謹的思考與精闢的見解，不見得是當
今歷史學者所能望其項背的。最後，附帶一談，我們看到何先
生稱梅尼克是「自由主義的大師」，他不是歷史主義的殿軍嗎？
怎麼又是自由主義的大師了呢？何先生在文中已有所說明，他
說：「蘭克思想中本來就包含有自由主義和保守主義兩個方面。
十九世紀末的青年蘭克派或新蘭克派，主要是繼承蘭克的保守
主義那一面，可以說他們更靠近於民族主義傾向；而梅尼克則
更多繼承蘭克的自由主義那一面。如果說梅尼克早年曾經是一
個青年蘭克派，那麼中年的梅尼克由於接受了西方自由主義的
影響，就和正統的蘭克學派有了分歧。」蘭克雖然是歷史主義大
宗師，但他的學派並不等於歷史主義。何先生在〈譯序〉開始
介紹梅尼克時，就藉英國著名史學史家古奇 (G. P. Gooch) 的話，
稱他為第一次大戰以後德國史學界最令人矚目的人物；布賴薩
赫 (Ernst Breisach) 也稱他為當代德國歷史主義的首席代言人。

漢密爾頓——修昔底德寫史的目的

　　如果有人買書的時候，只想買讀過的舊書，不想買剛出版的新書，您會覺得奇怪嗎? 也許，您會覺得不只是奇怪，簡直是不可思議。其實，買書的習慣人各不同，有人先到圖書館借書來讀，感到很喜歡，有時間的話，還想再讀一遍，就會想要擁有一本，這時買的書就不是新書而是舊書了。所以，買書的時候挑舊書買，讀書的時候把讀過的書拿出來讀，應是很普遍的情形，也是一種很值得贊同的讀書方法。有一本書，講買書的故事，由於內容感人，曾經風行一時。《查令十字路 84 號》不過是一位美國作家與英國舊書商之間的書信來往，薄薄一小冊，卻洛陽紙貴，版稅收入讓這位生活相當拮据的美國作家，得償宿願，前往倫敦一遊。她要買的書，都是舊書，都是她看過的書。

　　這裡我想提一本舊書，書名是《希臘精神: 西方文明的泉源》(*The Greek Way*)，這是一本 1930 年在美國出版的書，直至今日，一直為人們所喜愛。一本經得起時間考驗的書，必然有晚近出版的新書無法超越的優長之處; 我們閱讀這類的書，比起閱讀新出版的書，收穫往往更為豐碩，這本書就是一個例證。

　　我讀的這本書，譯者是葛海濱。在 2005 年遼寧出版社印行的版本，封面介紹說道: 「這本書寫得生動、流暢，同時又具有很高的學術價值，獲得了讀者和學術界的一致好評。雖然

有些當代學者認為作者對古典文獻的闡釋具有很強烈的個人色彩，有的論點缺乏根據，但無論在她的生前或嗣後，她的作品都為一代一代的美國人所傳誦，她清新的思路和深邃的智慧對幾代美國作家、知識分子、和政治家都產生了深遠的影響。」

作者是依迪絲‧漢密爾頓 (Edith Hamilton, 1867–1963)，美國人，從小受了很好的教育，學了法語和德語，七歲從父親學拉丁語，八歲學希臘語，從此迷上了古希臘。她十六歲開始上學，得到碩士學位後，到歐洲留學，在萊比錫大學和慕尼黑大學學習古典文學，是這兩所大學的第一位女生。回國後和友人創辦一所女子學校，她擔任校長，長達二十六年。1922 年退休，開始古典文學的研究和著作。1930 年出版此書，1932 年出版《羅馬精神》，同樣獲得很大的成功，此後她還寫了一些書，都獲得好評。《希臘精神》一書，1942 年曾出過修訂本。以下選錄（參見華夏出版社於 2008 年印行之版本）關於修昔底德 (Thucydides，約西元前 460 年以前～前 404 年以後) 為什麼要寫《伯羅奔尼撒戰爭史》的一段話。

當今的歷史學家通常會反對歷史是重複的、研究歷史的目的是為人們提供借鑑和指導的說法。現代的科學歷史學家對他們的研究對象的看法和地質學家頗有相似之處。歷史是按照時間順序記錄下來的一些分立的事實。時間這部織機編織出來的歷史長絹沒有一定的花式，除了可以從中取得一些信息之外，研究歷史沒有其他的意義。但這位撰述雅典和斯巴達之戰的希臘歷史學家不是這樣看待問題的，可是他輝煌的巨著仍是歷史學的經典作品。假如修昔底德對研究歷史所持的態度和現代歷

史學家一樣，那他絕對不會寫他的歷史。希臘人對知識本身並
沒有什麼興趣。他們是注重實際的人。他們渴求知識是因為知
識對生活有價值；它能指引人們避歧途而入正軌。修昔底德撰
寫他的歷史著作，因為他相信人們可以從了解那場毀滅性的戰
爭的起因中獲益，正如人們可以從知道什麼東西能使人得上致
命的疾病之中獲益一樣。他推斷說，既然人的頭腦本質的變化
不比人的身體本質變化大，那麼人能夠支配的環境就會不斷重
複，而且在同樣的條件下人們也必然會採取同樣的舉措，除非
他們能夠知道此前曾有同樣的舉措以災難而告終。當人們知道
了災難的起因的時候，他們就能夠設法避免這種災難。他說：
「人們可能會因為這本書缺乏故事性而覺得它不能引人入勝，
但是如果它能對那些想知道那些曾經發生過、而且根據人的本
性來說還會同樣發生的歷史事件的最樸素的事實的人能有所
裨益的話，我就會感到滿足。我寫這本書不是為了此時片刻，
而是為了將來永遠。」（頁 157–158）

　　漢密爾頓說，修昔底德寫歷史的宗旨，與她自己的時代，
那就是二十世紀初年，很不一樣。這時，歷史家已經受到科學
觀念的洗禮，認為歷史如果不能嚴謹、客觀如自然科學，其價
值就要大打折扣。至於「前事不忘，後事之師」之類，視歷史
為後人訓誡的概念，更是覺得過於落伍，羞於提及。漢密爾頓
不贊成這種觀點，我同意她的看法。我認為，歷史家非要把自
己的工作說成多麼的神聖，多麼的不食人間煙火，其結果就是
遠離了人間，就是為人們所遺忘。在此之前，大家把「歷史」
當成「故事」，讀得津津有味，記得清清楚楚，這些故事就成

了人們「歷史記憶」中的主要成分。二十世紀科學的歷史觀得勢以來，這一類的歷史作品越來越「嚴謹」，從一大堆的「資料」中，找來一大堆「證據」，證明了一些其實不用證明大家也知道必然如此的事；或者證明出一些稀奇古怪的說法，頭腦清晰的人都不會相信。結果呢？歷史學很發達，出版的著作和論文很多很多，但很少引起人們的閱讀興趣，與人們的生活也是越來越遠。過去人們很少犯的過錯，現在犯的人多了起來；過去人們不敢講的粗魯語言，現在講的人也是越來越多。「過去」成了歷史家的「專利」，當然她那作為人生教育的主要任務，也就早已為人們所淡忘了。

不合道理的事情總是不能一直延續下去。今天，我們知道歷史知識中，「科學」成分固然重要，「藝術」成分同樣不能欠缺。嚴謹的論證是必須的，主觀的詮釋也是不可免的；既要蒐集足夠的資料，也要對於心性的幽微有所體認。我們也知道，「歷史」儘管與「故事」不是同一件事，但兩者的關係很密切，講出「故事」中的歷史意義，應該是講述「歷史」的最好方法。然而，在二十世紀初期，科學的歷史學正是如日中天的時候，對它提出負面的看法，是需要一點勇氣的。漢密爾頓何以如此堅持呢？我想，她同意修昔底德所說，人的頭腦本質變化不大，事情一再重複，人們認識過去的災難，就可以避免重蹈覆轍。所以，她寧願投這位古希臘歷史家一票，而不採信現代歷史家的主張。她的這個抉擇，是有其信念作為依據的。這本書的第一章，就在第 2 頁，作者說了一句話：「希臘人面對的生活境況和我們實在是很不相同，但我們應時刻牢記，雖然人類生活表面上發生了很大的變化，人類內心世界的變化卻很

小，而且人類的經驗是我們永遠也無法學完的一門課程。」這句話很有意思，值得我們細細體會。

修昔底德撰寫《伯羅奔尼撒戰爭史》，描述了雅典和斯巴達之間長達二十七年的戰爭，他得到了怎樣的教訓？這是修昔底德的問題，他必須作出回答。漢密爾頓在這一章最後的地方，寫下了答案：

雅典已經不再費心去用美麗的詞藻粉飾醜惡的事實，因為這些醜惡的事實對他們來說已經不再醜惡了。修昔底德說，邪惡這個時候已經被人當成了美德。詞的意義都發生了變化：欺騙被讚為精明，魯莽被當做勇敢，而忠誠、謙虛、大度卻被認為是軟弱的代名詞。「善意本是高貴品質的一個重要的組成因素，現在遭到了嘲笑，銷聲匿跡了。每一個人都不相信任何其他的人。」這就是追權逐力最終給希臘人帶來的後果。

斯巴達要好得多。她把戰死疆場作為一種責任的理想肯定不會長時間讓人感到滿足，但至少比雅典人表現出來的那種沒有任何理想的情況好得多。（頁172）

戰爭的結果，誰勝誰負？我們可以從這段話中作出十分肯定的判斷。勝負的理由為何？是否有其意義可言？我們也可以作出很明確的判斷。至於對後世的啟發為何？也請想一想，特別對今天的我們。

修昔底德，《簡明大不列顛百科全書》作修昔的底斯，對他的生平與著作有簡要的介紹，與漢密爾頓所述相比較，各有特色，可以參看。

漢密爾頓——戰鬥前夜，旗艦上的談話

　　我們到了名聞遐邇的景點，觀賞秀麗風光，總會希望有一位傑出的導遊，對於此處自然景觀的雄奇、歷史名勝的瑰麗，提出精闢的解說，讓我們留下深刻的印象，離去的時候，大有不虛此行的感覺。讀書也是如此，我們要進入一個非常重要的領域，最好是先讀一本入門的書，這本書將會告訴我們，在這個領域裡，有哪些極其精彩的內容，讓我們留下十分美好的印象，啟動我們進一步閱讀探索的決心。依迪絲・漢密爾頓所著《希臘精神》，就是這樣一本可以引導讀者進入古代希臘世界的入門書，因而長期以來，深受人們歡迎。我們在網頁上可以看到對這本書的介紹，說它屬於中學程度，大概自從 1930 年出版以來，以迄今日，它一直列在中學生閱讀的書單之中。我們不妨想像一下，經由這本書的引介，進入古代希臘世界的人，會有多少啊！這樣的一本書，我們何不趕緊找來一讀，尤其是當我們想到古代希臘世界一遊的時候。

　　漢密爾頓怎麼來寫她所熟悉的，西元前五世紀的希臘世界呢？我在前一篇中，已經約略介紹這位作者，但那一篇的重點是大歷史家修昔底德對寫歷史的看法，漢密爾頓只是十分贊同而已。在那一篇中，不大看得出來漢密爾頓的寫作手法，也不大讀得出這本書——《希臘精神》的特色所在。這裡我再選一段文字，偏重於作者的選材與論述。以下取自此書第六章「柏拉圖眼中的雅典人」的開頭部分：

　　很久以前——確切的日期已無從查考，但大約是在公元前450年前後——某一個日暮降臨的時刻，一支希臘的艦隊在愛琴海上的一個島嶼附近拋下了船錨。當時希臘正意欲稱霸海上，這支艦隊便將在翌日清晨對這個島嶼發起進攻。那天晚上，艦隊的總指揮官，傳說中說的不是別人，而正是伯里克利本人，派人去請他的副手來旗艦上啜談。於是你就會看到坐在戰艦高高的尾樓上，頭上張起一頂華蓋來遮擋夜露。侍從中有一個英俊的少年，當他斟酒的時候，伯里克利就因他想起了那些詩人，並引用了他們的一句詩，詩中描寫那小伙子年輕俊美的面龐上閃爍著「紫光」。旁邊那位年輕的將軍不大同意：他從來都認為那個形容顏色的詞選得不合適。他更喜歡另一位詩人把年輕的臉龐形容成玫瑰般的顏色。伯里克利反對他的看法：他說正是同一位詩人在另一個地方也同樣把年輕可愛的光彩形容成紫色。談話就這樣進行下去，每個人都援引一句適當的話來應答對方。晚餐桌上的談話轉而成了優雅玄妙的文學評論。可儘管如此，當第二天早晨戰鬥開始的時候，就是這些人向這個島嶼展開了攻擊，他們不但驍勇善戰，而且指揮有方。

　　我不敢保證這則有趣的軼事所描述的情況句句屬實，但值得注意的是除了在希臘，沒有任何其他國家將領們有這樣的故事流傳下來。從來就沒有聽見有人說愷撒和忠誠的萊比納在跨越萊茵河的前一個晚上有過關於色彩形容詞的爭論，而且我們幾乎可以斷定，將來任何最富於想像的人也不會編造說格蘭特將軍和謝爾曼將軍在消遣的時候有過這樣的談話。亞里士多德宣稱的那種詩歌的真理高於歷史的真理，在這裡得到了最完美的證實。不管這個小故事是多麼的不足為信，它都描繪出了處

於鼎盛時期的雅典人生活中的一個真實場景。我們面前出現的
是兩個有教養的紳士，非常溫文爾雅，和詩人廣有交遊，他們
在交戰的前夜竟然有雅興來進行非常深入的文學討論，但是，
他們同時還是任何時代鮮有匹敵的行動者、戰士、水手、將軍
和政治家。這樣的組合實在鮮見於史冊。只有最高度的文明才
能讓人們在戰場上也不失去任何人類的價值。

　　文明是一個被用濫了的詞，它代表的是一種高遠的東西，
遠非電燈、電話之類的東西所能包括。文明是關於非具體實在
的東西，它是對理智的熱衷，是對美的喜愛，是榮譽，是溫文
爾雅，是禮貌周到，是微妙的感情。如果那些非具體實在的東
西變成了頭等重要的東西，那便是文明的最高境界，如果人沒
有因此而變得優柔寡斷，人的生活就達到了一個人們很少能夠
達到的，更難以能夠超越的高度。很少有人能夠取得這樣的成
就；一個歷史時代產生了許多這樣的人物，他們能給他們生活
的時代烙上自己的印記，這樣的時代真的是絕無僅有。

　　修昔底德說，伯里克利認為當時的雅典就是這樣一個時
代。他最有名的一句話簡短而完美地說明雅典人取得了高度的
文明而且在行動上仍然自由果敢。他說雅典人是「熱愛美的
人，但沒有失去質樸的品味，是熱愛智慧的人，但沒有失去男
性的魄力。」（頁 83-84）

　　漢密爾頓從一個故事開始說起，這個故事未必句句屬實，
或許是虛構的也不一定。但作者卻說，這個故事不管多麼不足
為信，但它卻描繪出了一幅真實的場景。這樣的論斷，我們能
同意嗎？我個人是很可以接受的。它讓我想起中國歷史上一場

有名的宴會：東漢末年，荀家請客，陳家赴宴。荀家有聲望地位，八個兒子有八龍之譽，小孫子荀或坐在主人荀淑懷中；陳家清寒，主人陳寔抱了小孫子陳群坐車，其他的兒子或挑擔、或走路。結果呢，地上的賢人相聚，使得天上的星星都移位了。天上的星辰會因為地上的事而移位嗎？當然不可能，可是，為什麼會有這樣的說法，就很值得深究。簡單地說，這一場家宴，反映出了東漢末年社會上的風氣與人們的嚮往，所以出現了十分離奇的傳言，傳言實不可信，但卻也傳達了人們心中的一些「實情」。

漢密爾頓選的這個故事確實很精彩，出發作戰的前夕，主帥與將領就詩中的形容用詞，作了十分細緻的討論。主帥伯里克利，當然是希臘歷史上著名的人物，討論的主題是描述年輕人的俊美，究竟是詩人所說的紫色還是玫瑰色最為適宜？討論的雙方，非但對於詩人的作品甚為熟稔，對於作品的意境尤其能夠娓娓道來，成為關於文學評論的一次深刻的對話。而場景呢？艨艟巨艦的尾樓，主帥華蓋之下，或坐或臥，環顧四方，夜幕低垂，隱約可見檣櫓處處，氣氛更是森嚴。很讓人想到赤壁戰前，曹操橫槊賦詩的那一幕。

漢密爾頓藉由這個故事，要談什麼道理呢？她要談的是「文明」，她要我們讀者從這一個故事中看到所謂的「高度文明」，應該指何而言。用她的話，「（文明）是對理智的熱衷，是對美的喜愛，是榮譽，是溫文爾雅，是禮貌周到，是微妙的感情。」這就是希臘人所呈現的素質，是羅馬時代的元老大將們所沒有的修養，更是美國南北戰爭期間，著名將領所絕不可能有的表現。文明不能簡單化約為物質上的進步成就，它是一

種態度，一種教養，一種讓當時人欣賞稱讚，更是讓後人懷想敬佩的風采。這是一個小故事，它卻展現出了時代的特色，同時還具有一種恆久的意涵。有了這樣的認識，我們就不會把伯里克利和將軍在作戰前夕，有關俊美的年輕人究竟應該用什麼色彩來形容的對話，當作只能聊助談興的一則小故事，而是應該把它看成足以讓我們認識希臘，甚至了解人類文明的「歷史故事」，有其意義。

　　我們讀的時候，可以感到作者漢密爾頓對這則故事真是非常喜歡。在她的簡要描述中，我們似乎感覺到，漢密爾頓好像是看到了那一幕的場景，聽到了詩句的朗誦，見識了伯里克利和將軍的教養和風采。這是閱讀之時，想像力的運用，進入當時情景，在自己的心中，描繪出一幅動人的圖畫。我們展卷之際，是不是也應該學學作者，以提升自己的閱讀能力？

　　作者談到「文明」，是有一番深義的。她強調文明一詞，代表的是高遠的東西，帶給我們的影響是無法準確衡量的。她對文明的看法，您贊成嗎？如果您要問我的話，我是非常贊成的。尤其是在今天這個利慾薰心的社會，多講點個人的心性修養，要人們重視榮譽、重視禮貌，總是針砭時下風氣的一劑良藥，至於有無效果，那就不是我們所能知悉的了。

漢密爾頓——悲劇是痛苦和歡樂的神秘混合體

　　過去的事情已經過去了，我們如何知道呢？特別是離我們已經十分遙遠的古代世界？我們稱之為歷史家，或歷史學者的一些人，藉著留下的各種資料，做些分析整理、推斷解釋的工作，古代的輪廓是可以清晰呈現在我們眼前的。但是，我們只要知道「古代」的「輪廓」嗎？只想知道過去的時代，特別是那遙遠的古代，曾經發生過哪些事情，出現過哪些人物而已嗎？我們知道「古代」發生過哪些事，有過哪些人，又怎麼樣呢？我的意思是，只知道一個輪廓，或一些概況，是無法令人滿意的。因為我們對於古代，想知道的比「輪廓」和「概況」要「多」一點；多一點不是指事情的經過更詳細，人物的數目更增加，不是更多的表面現象，而是要知道這些事情和人物，對我們來說有何意義可言。這不是量的問題，而是質的問題。

　　傑出的歷史學者，會大量利用古代留下最有深度的資料，做出最為精深的說明。一些古人精彩的作品，在他們的手裡，成了引導後人進入古代世界的主要津梁。對於這些精彩作品的解讀，同時也就反映出這位歷史學者的造詣與修養。如果我們要問：古代世界裡，哪些資料最精深？哪些作品最精彩？答案可能仁智互見，但如果說詩人的作品是最有深度，也最見精彩的，應該都會贊成吧。我們可以設想，如果講中國上古歷史，講到周代封建社會，不用《詩經》的資料，不讀一點《詩經》中詩人的作品，對於那個時代、那種文化、那樣氛圍，大概是

很難有所感覺的。同樣的道理，要多知道一點古代希臘世界，古希臘詩人的作品應該是最能發揮功效的。我們怎麼讀古希臘詩人的作品呢？還是需要指點，《希臘精神》著者漢密爾頓的意見，很值得我們重視。

漢密爾頓把埃斯庫羅斯（Aeschylus，約西元前 525 年 – 前 455 年）稱為「第一位戲劇家」，也是她筆下的偉大詩人。這裡選錄一段講到時代、悲劇和詩的文字：

我們自己，我們之中最偉大的人，都是我們這個時代的產物。埃斯庫羅斯生活的那個時代憑著他的希望和努力，沿著人類命定的道路無所畏懼、毫不遲疑地向前邁進了一大步，使之成為人類黑暗的歷史上閃亮的一頁。這個時代為數很少的人竟然擊敗了當時世界上最為強大的力量，波斯人遭到了如此慘痛的失敗，他們再也不可能發動另一次這種只給人們帶來災難的侵略行動了。這次偉大的冒險獲得的成功影響到整個希臘。人們的生活變得更加緊張熱烈了。危險、恐懼和苦悶激勵了人們的精神，也提高了人們的洞察力。開始的時候他們好像注定要遭受失敗，注定要失去所有的財產，然而事情完全出乎人們的意料，他們卻獲得了巨大的勝利，這不但使他們大喜過望，也大大鼓舞了他們的士氣。人們相信他們可以創造出英雄業績，因為他們看到了有人創造出了英雄業績。這就是悲劇誕生的時刻，因為悲劇是痛苦和歡樂的神秘的混合體，它展現了人們在面臨不可避免的災難的時刻表現出來的那種不可戰勝的精神。直到這個時候，希臘的詩人們一直以一種直接的、無自我意識的眼光觀察這個世界，而且他們發現這個世界是美好的。勇敢

行動的光榮和自然界萬物的美好就使他們感到滿足了。埃斯庫羅斯是新一代的詩人。他在表現外在世界之美的詩歌和表現人類痛苦之美的詩歌之間的鴻溝之上架起了一座橋樑。

他是第一個把握住生活中令人迷惑的「世界內心深處的矛盾」的詩人，他對生活的了解只有偉大的詩人才能了解到；他意識到了遭受苦難的神秘之處。他看到了人類被一種神秘的力量緊緊地和苦難捆在了一起，致力於一種奇怪的冒險，終生與災難為伍。但對英雄們來說，最深重的苦難對他們正是一個挑戰。埃斯庫羅斯那個時代的精神在他的身上得到了最大程度的體現。他是第一個，也是最後一個天生的鬥士，對他來說，能和強大的對手勢均力敵就足夠了，他不必一定成功。生活對他來說就是一場冒險，其中確實充滿了危險，但人生來就不是為了享受天堂般的安寧。生活的充實正在於生活中充滿了艱難險阻。即使人生再不濟，在我們身上至少還有某種東西，可能反敗為勝。

一個有著這種英雄性格的人，他洞察人類的苦難的黑暗現實的能力，和他超凡的詩才撞擊出了新的火花，悲劇由此而誕生了。如果悲劇就是要展現人類最深重的苦難和人類最崇高的業績，那麼埃斯庫羅斯就不僅僅是悲劇的創始人，而且還是所有悲劇家中最具有悲劇性的人。沒有任何一個人在生活嘈雜的噪音中能夠奏響這樣的樂曲。在他的劇中沒有任何的退卻，沒有任何被動接受。偉大的精神以偉大的方式來承受苦難。（頁211–213）

這一段話不容易讀，主要原因是它出現得很突然，以為是

講一個時代，以及這個時代中的一件大事，話鋒一轉，卻講到了悲劇和詩人。其實，這就是從一本書中選取一段文字來閱讀時，遭遇到的必然限制，也是幾乎無法避免的缺憾。在漢密爾頓的書中，我們所選的文字見於第十二章「埃斯庫羅斯　第一位戲劇家」，在此章之前的第十一章，則是：「悲劇的觀念」，把「悲劇」的「觀念」做了清楚深刻的分析，也為埃斯庫羅斯的演出，搭好了舞臺。在這裡，漢密爾頓談到了悲劇的誕生，也提到了埃斯庫羅斯。她是這樣寫的：

　　悲劇是希臘人首創的，因為在希臘，思想是自由的。人們對人生的問題思考得越來越深入，而且開始越來越多地意識到生活中充滿了邪惡，所有事情都是不公正的。於是有一天，有這樣一個詩人，他認識到了這個世界存在無可救藥的邪惡，但他仍舊能用他詩人的力量去發現生活中真實的美，第一部悲劇就誕生了。有一本非常出色的書討論了這個問題，書的作者這樣說：「探索的精神遇到了詩歌的精神，悲劇就誕生了。」具體來說：希臘早期的像神一樣的英雄和英雄式的諸神在遙遠的、狂風肆虐的、地勢起伏不平的特洛伊平原上展開了激戰；而在希臘較平靜的地方，每一件普通的事物都閃耀著美——這就形成了如詩歌創作中的雙重世界。然後一個新的時代開始了，人們不滿足於歌聲和故事的美，他們要努力去了解、去解釋。悲劇第一次出現了。一個無比偉大的詩人，他不滿足於原有的神聖的傳統，而且他有足夠偉大的心靈能包容新的和難以讓人容忍的真實——（頁 197–198）

　　回到我們選的那一段文字，這裡講到「為數很少的人竟然擊敗了當時世界上最為強大的力量」，我們看到這裡就知道指的是「波希戰爭」，我們需要注意的是，漢密爾頓怎樣「說」這個戰爭。當然，她在這裡絕不會詳述戰爭的經過，她講的一定是這場戰爭的意義。她是怎麼說的？她從「偉大的冒險獲得的成功」講起，偉大的冒險指的是「好像注定要遭受失敗」，然而他們卻「獲得了巨大的勝利」。這是一個轉折，這使希臘人從「危險、恐懼和苦悶」中，經過自身的努力，獲致成功，也給了他們無比的信心與勇氣。這樣看來，好像是克服了艱困的難關，走上了康莊的大道，然而，作者筆鋒一轉，卻說英雄被創造了出來，悲劇也就誕生了。這又是一個轉折，而且是一個十分巨大的轉折。其要點就在於「悲劇」的概念出現了，詩人要在這裡加以詮釋。漢密爾頓分析劇本的結構、內容，體會詩句的境界、意涵，想像詩人的內心世界，及其敏銳才情，提出了一個說法：「悲劇是痛苦和歡樂的神秘的混合體」。什麼意思呢？希臘人打敗了強大的敵人，理應無比歡樂，而痛苦又是從何而來呢？原來她所說的「痛苦」，不是一般人聯想到的家毀人亡、妻離子散的切身苦難；也不是如忠臣孝子報國無門路，子欲養而親不在之類的內心哀痛。「痛苦」應來自「世界內心深處的矛盾」，這裡可以認識到「苦難」不只是一種簡單的感受，另有一股「神秘力量」與它捆在一起。

　　人的一生，充滿苦難，處處險阻，我們如何面對呢？逆來順受、委曲求全嗎？英雄人物不是如此，他們面對人生，把它當成一場冒險，鼓起精神，正面迎戰，不求勝利，但絕不投降。這就是說，英雄的心意與作為，展現了人的一生之中，最深重的苦難和最崇高的業績。人的一生，沒有天堂般的安寧日

子可以享受，有的只是各種各樣的危險、困難、紛擾、麻煩等等，都帶來多多少少、大大小小的痛苦，然而，只要化解了它，克服了它，卻也能得到或多或少的歡樂。如果有人告訴我們，人的一生，其實就是這樣的一個歷程，是不是給我們很好的啟發？如果我們對人生有了這樣的認識，我們在生活之中，將會採取怎樣的態度呢？我們應該會很認真嚴肅地看待，很認真嚴肅地處理一切遇到的問題。我們一定會把作為一個人的格調展現出來，把作為一個人應該有的英雄作為表現出來。這樣看來，漢密爾頓所強調的概念，頗能符合叔本華從悲劇中發現的那種：「奇妙的將人向上提升的力量」。（見《希臘精神》第十一章）您說是嗎？

　　這個題目太大了，不是這裡有限的文字所能說得清楚，只有請您找這本書來，花點時間，稍加翻閱。如果您喜歡，不妨仔細閱讀，也許您能讀出遠為精闢的見解。我很喜歡這本書，也很喜歡這兩章，其中有些話，像是：「《安娜‧卡列尼娜》是一部悲劇；《包法利夫人》卻不是。現實主義和浪漫主義，或是不同程度的現實主義與此都沒有任何關係。這是渺小的心靈與偉大的心靈的問題，是具有敏銳的觀察能力的作家和詩人的天賦之間的問題。」我覺得講得真好，這樣的片段，書中俯拾皆是，就等您去欣賞。

　　埃斯庫羅斯是古希臘三大悲劇家之一。《大不列顛百科全書》提到，亞里斯多德說他：「削減了合唱歌曲，使對話成為主要部分。」他從而獲得「悲劇之父」的稱號。拿破崙很喜愛他的名作《阿伽門農》，雨果也很欣賞他。二十世紀受他影響最大的是法國詩人和戲劇家克洛代爾與美國劇作家尤金‧奧尼爾。

歷史天空

在廣闊無邊的晴空中，
尋找對歷史最純真的渴望

立體的歷史
邢義田／著

所謂立體的歷史，是三度空間整體的歷史畫面，由(1)文字和非文字的材料、經(2)歷史研究和寫作者的手，傳遞給(3)讀者，三者互動而後產生。歷史學家是畫面的生產者，也是傳遞者。讀者心中能有怎樣的畫面，是否生動立體，一方面取決於讀者自己，一方面也取決於傳遞者的喜好、能力、訓練、眼光以及據以建構的畫面。透過本書，讀者便能跳脫平面的歷史，看到一些不同於過去、富於縱深的歷史畫面，盡情邀遊於「立體的歷史」中。